COML0023

RENOVACIÓN EN OPERACIONES DE CARRETILLAS ELEVADORAS DE MÁSTIL CON CARGA EN VOLADIZO

(CATEGORÍA II, TIPO 4)

COML0023

RENOVACIÓN EN OPERACIONES DE CARRETILLAS ELEVADORAS DE MÁSTIL CON CARGA EN VOLADIZO

(CATEGORÍA II, TIPO 4)

ELSA RUBIO DUCE

La ley prohíbe
fotocopiar este libro

COML0023 - RENOVACIÓN EN OPERACIONES DE CARRETILLAS ELEVADORAS DE MÁSTIL CON CARGA EN VOLADIZO (CATEGORÍA II, TIPO 4)
Thema: TTSF – Tecnología de la logística y la cadena de suministro
Bisac: TRA006000 – Transportation / General
© Elsa Rubio Duce
© De la edición: Ra-Ma 2025

Editado por:
RA-MA Editorial
Calle Jarama, 3A, Polígono Industrial Igarsa
28860 PARACUELLOS DE JARAMA, Madrid
Teléfono: 91 658 42 80
Fax: 91 662 81 39
Correo electrónico: info@grupoeditorialrama.com
Internet: www.ra-ma.es y www.ra-ma.com
ISBN impreso: 979-13-87764-81-4
Depósito legal: M-16184-2025
Maquetación: Antonio García Tomé
Diseño de portada: Antonio García Tomé
Filmación e impresión: Safekat
Impreso en España en julio de 2025

*A todas las trabajadoras y trabajadores que sostienen
con su esfuerzo diario el pulso de la logística.*

Índice

Acerca de la autora

Elsa Rubio Duce

Graduada en Antropología Social y Cultural y con una pasión innata por la redacción y creación de contenido. Profesional autónoma especializada en la gestión de proyectos editoriales y el desarrollo de contenido formativo, con una amplia experiencia en tecnologías educativas y desarrollo web. Su dominio abarca el manejo de herramientas de IA como ChatGPT 4.0, Copilot, Perplexity, Gemini y Midjourney. Posee experiencia en lenguajes de programación como HTML5, CSS3 y JavaScript, así como conocimientos en Python, utilizado en el análisis de datos, machine learning y automatización de flujos de trabajo.

Introducción

En el contexto actual, la manipulación y el transporte de mercancías constituyen actividades fundamentales que determinan en gran medida la eficiencia y la productividad de cualquier sector económico. Las carretillas elevadoras desempeñan un papel crucial dentro de estas actividades, no solo porque permiten optimizar la distribución interna y externa de mercancías, sino también porque facilitan una gestión segura y ordenada del flujo logístico, minimizando riesgos laborales y económicos asociados a una incorrecta manipulación.

La globalización de los mercados y la creciente exigencia en la rapidez y precisión de las entregas hacen que el conocimiento detallado y actualizado sobre el manejo de carretillas elevadoras sea imprescindible. La utilización correcta de estos equipos no solo se traduce en una mejora directa de la eficiencia operativa, sino también en una notable reducción de accidentes laborales, daños en mercancías y costes derivados de errores logísticos. Todo ello convierte a las carretillas elevadoras en herramientas imprescindibles en el entorno logístico contemporáneo.

Este manual tiene como objetivo proporcionar al lector un conocimiento exhaustivo sobre la manipulación de cargas mediante carretillas elevadoras, desde los conceptos básicos hasta los aspectos más avanzados del manejo y la seguridad operativa. A través de sus páginas se abordarán contenidos relacionados con la logística interna, embalaje y paletización, tipologías y características técnicas de las carretillas, técnicas específicas de conducción y maniobras, y aspectos fundamentales de seguridad y prevención de riesgos laborales.

Uno de los aspectos más destacados de este manual es su marcado enfoque práctico. La teoría, rigurosa y actualizada según la normativa vigente española y comunitaria, se complementa con una amplia variedad de casos prácticos, situaciones reales, y ejemplos concretos que facilitan una comprensión clara y aplicable de los conceptos expuestos. Este enfoque práctico permite al usuario trasladar de forma inmediata los conocimientos adquiridos al ámbito laboral cotidiano, mejorando no solo su propia seguridad, sino también la productividad y competitividad de su entorno profesional.

Además, conscientes de que la seguridad laboral y la eficiencia logística no dependen únicamente del operador de la carretilla, este manual incluye contenidos dirigidos también a gestores y responsables de logística, aportando una visión integral que abarca desde la documentación necesaria para el transporte de mercancías hasta la simbología y señalización adecuada del entorno operativo. Se presta especial atención al marco normativo actual, asegurando que el usuario adquiera una base sólida sobre las exigencias legales que condicionan y regulan la actividad logística.

Por tanto, este manual constituye una herramienta esencial para cualquier profesional involucrado directa o indirectamente en la manipulación de cargas mediante carretillas elevadoras. Su estructura progresiva y didáctica permite abordar tanto conocimientos generales como específicos con la profundidad necesaria, adaptándose a las exigencias de formación actuales. Al finalizar, el lector habrá adquirido tanto habilidades técnicas imprescindibles como conciencia clara y responsable de los procedimientos que garantizan la seguridad y la eficiencia en la manipulación de cargas.

1

Manipulación y transporte de mercancías

La **manipulación y transporte de mercancías** son elementos críticos dentro del proceso logístico y productivo de cualquier organización, especialmente en sectores industriales, comerciales y de distribución. El desempeño eficiente de estas actividades tiene una incidencia directa sobre la productividad, la seguridad laboral, la calidad del servicio y, por ende, sobre la rentabilidad de las empresas implicadas.

En términos generales, **manipular mercancías** implica llevar a cabo un conjunto de acciones para mover, almacenar y distribuir cargas desde su recepción inicial hasta su destino final. Esta actividad requiere una organización meticulosa del trabajo y del espacio, conocimientos específicos sobre equipos y maquinaria, además de un cumplimiento riguroso de las normativas vigentes relativas a seguridad laboral y medioambiental. El objetivo primordial es que las mercancías lleguen a destino en perfectas condiciones, evitando pérdidas económicas y accidentes laborales derivados de una mala práctica.

Para conseguir una gestión efectiva del transporte y manipulación interna, es imprescindible comprender el concepto de **flujo logístico interno**, que define la secuencia organizada y continua de movimientos de cargas dentro de la empresa. Este flujo abarca desde la recepción inicial de las mercancías hasta su almacenamiento, procesamiento intermedio, preparación de pedidos y expedición hacia clientes o usuarios finales. Un flujo logístico optimizado permite reducir costes, evitar retrasos y garantizar la integridad física del producto.

En el ámbito económico, la relevancia de la correcta manipulación y transporte interno de mercancías es incuestionable. Optimizar estos procesos supone no solo beneficios directos en la reducción de costes operativos, sino también ventajas competitivas indirectas como la mejora de tiempos de entrega, la fidelización del cliente y una imagen de marca reforzada gracias a la garantía de calidad ofrecida. Además, desde un punto de vista socioeconómico, estas actividades generan empleo especializado y contribuyen al desarrollo económico sostenible de las regiones donde operan las empresas.

La adecuada gestión logística está siempre respaldada por un marco normativo sólido, definido claramente por regulaciones tanto a nivel comunitario (Unión Europea) como nacional (España). Este marco normativo se encarga de regular aspectos tan diversos como los procedimientos de seguridad laboral, las condiciones para la conservación y transporte de diferentes tipos de mercancías, y la documentación asociada que debe acompañarlas obligatoriamente en todo su proceso de movimiento y manipulación.

La seguridad laboral es un aspecto particularmente crítico en estas operaciones. La **prevención de riesgos laborales** asociada a la manipulación y transporte de mercancías es fundamental para evitar accidentes y daños tanto personales como materiales. Las carretillas elevadoras, principales herramientas en estas operaciones, implican riesgos específicos, como vuelcos, caídas de carga o atropellos. Por ello, una formación completa y actualizada sobre estos equipos y procedimientos es obligatoria para todo operador logístico.

Las mercancías pueden clasificarse atendiendo a numerosos criterios como su fragilidad, volumen, peligrosidad o valor económico. Cada tipo de mercancía exige unas condiciones de transporte específicas que garanticen su integridad durante todo el proceso logístico. Es por ello por lo que es indispensable conocer no solo la naturaleza de las mercancías manipuladas, sino también los **medios de transporte internos y externos** más adecuados en función de estas características, desde paletización y embalaje hasta el uso de equipos de elevación específicos.

Además, el entorno logístico debe contar con una correcta **señalización y simbología** que informe claramente a los operarios sobre las condiciones de seguridad, limitaciones y reglas a seguir durante las operaciones de transporte. Una señalización adecuada permite evitar accidentes, optimiza la circulación y facilita una interacción segura y eficiente entre operarios, maquinaria y mercancías.

Dentro de este proceso global, la definición precisa de las **unidades de carga** adquiere una relevancia particular. La carga unitaria, normalmente paletizada, facilita el manejo, la estiba, el almacenamiento y el transporte, favoreciendo un control riguroso y ordenado del flujo logístico. La correcta medición y cálculo de las cargas evita sobrecargas y desequilibrios que puedan desembocar en accidentes o daños materiales, lo que refuerza la importancia de manejar conceptos claros sobre peso, dimensiones y resistencia estructural de cada unidad de carga.

Asimismo, un aspecto esencial y frecuentemente subestimado es la gestión documental. Tanto la documentación que acompaña a las mercancías durante su transporte, como la documentación generada por el propio movimiento de cargas, deben gestionarse con rigor. Actualmente, esta documentación se canaliza cada vez más mediante vías digitales, lo que incrementa la eficiencia, reduce los errores y agiliza los procedimientos logísticos y comerciales.

Por tanto, la manipulación y transporte eficiente de mercancías no es únicamente una cuestión técnica; constituye un factor estratégico clave en la cadena de suministro. El conocimiento detallado y práctico sobre este proceso, desde la recepción hasta la expedición final, permite a las empresas afrontar con éxito los desafíos logísticos actuales, asegurando calidad, seguridad y rentabilidad a largo plazo.

1.1 FLUJO LOGÍSTICO INTERNO DE CARGAS Y SERVICIOS. IMPORTANCIA SOCIOECONÓMICA

El **flujo logístico interno** engloba todas las operaciones, recursos y procesos necesarios para garantizar la movilidad y distribución eficiente de cargas y mercancías dentro del ámbito de una empresa. Desde el momento en que los productos llegan hasta que abandonan las instalaciones para su destino final, cada movimiento debe estar cuidadosamente planificado y coordinado para minimizar tiempos, costes y riesgos operativos.

Este flujo logístico interno se articula en diversas fases claramente diferenciadas:

1. **Recepción de mercancías**: se realiza la descarga, inspección, identificación y registro inicial del producto. Este proceso permite verificar que las mercancías cumplen con los requisitos establecidos por la empresa y se adaptan correctamente al flujo de trabajo.

2. **Almacenamiento temporal o definitivo**: tras su recepción, las mercancías deben ser correctamente almacenadas. Esto incluye la ubicación en áreas específicas del almacén, estanterías o zonas designadas, asegurando que los productos queden protegidos, sean accesibles y fácilmente identificables.

3. **Preparación y expedición**: las mercancías almacenadas se preparan para su distribución final según la demanda. Aquí se incluye el picking (preparación de pedidos), embalaje específico para el transporte externo y carga en vehículos o medios de transporte adecuados.

Cada fase implica movimientos continuos de mercancías entre diferentes áreas y departamentos, haciendo imprescindible la utilización de medios técnicos y mecánicos adecuados, entre los cuales destacan especialmente las **carretillas elevadoras**.

Ejemplo

Una empresa distribuidora de electrodomésticos recibe diariamente productos variados desde múltiples proveedores. Estos productos se descargan mediante carretillas elevadoras y se almacenan provisionalmente en áreas específicas. Posteriormente, según los pedidos recibidos, las mercancías se trasladan a una zona de picking donde se preparan individualmente para expedirse. En cada etapa, las carretillas facilitan y agilizan significativamente las operaciones internas, reduciendo tiempos y mejorando la eficiencia general.

Desde una perspectiva socioeconómica, la adecuada gestión del flujo logístico interno no solo influye directamente en la rentabilidad económica de las empresas individuales, sino que también tiene un impacto relevante en el desarrollo económico regional y nacional. A continuación, se detallan los aspectos más destacados de esta relevancia socioeconómica:

- ► **Incremento de la productividad**: la correcta gestión del flujo interno permite reducir significativamente tiempos muertos, costes operativos y pérdidas materiales. Esta eficiencia genera mayor rentabilidad empresarial y fomenta una mayor competitividad en los mercados nacionales e internacionales.

- ► **Creación y especialización de empleo**: la optimización logística requiere profesionales especializados capaces de manejar equipos técnicos avanzados, gestionar procesos de control y garantizar estándares de seguridad elevados. Esto genera empleo cualificado, aportando un valor añadido al mercado laboral local y regional.

- ► **Reducción de costes y precios más competitivos**: la minimización de errores operativos y accidentes laborales tiene un impacto directo en los costes totales de la empresa. Estas reducciones pueden repercutir en precios más competitivos, beneficiando al consumidor final.

- ► **Impacto ambiental positivo**: un flujo logístico bien estructurado permite reducir desplazamientos innecesarios, minimizar desperdicios, optimizar el uso de recursos energéticos y materiales, y contribuir así a una producción más sostenible.

Beneficio socioeconómico	Consecuencia directa
Aumento de productividad	Incremento de competitividad empresarial
Generación de empleo especializado	Reducción del desempleo regional
Reducción de costes	Mejora de precios al consumidor
Gestión sostenible	Menor impacto ambiental

Para garantizar la efectividad del flujo logístico interno, es necesario atender especialmente ciertos aspectos:

▼ **Organización física del espacio**: debe planificarse cuidadosamente la ubicación de mercancías, considerando los recorridos internos y facilitando el acceso y circulación de carretillas elevadoras. Un diseño adecuado reduce los tiempos de traslado y minimiza riesgos laborales.

▼ **Planificación y gestión de inventarios**: una gestión eficiente del stock evita saturaciones o falta de mercancía, permitiendo una rotación fluida del producto dentro del almacén.

▼ **Formación continua del personal**: los trabajadores deben estar permanentemente capacitados en los procedimientos operativos, manejo seguro de maquinaria y normativas vigentes en seguridad laboral.

▼ **Tecnología y digitalización**: las herramientas tecnológicas, como los sistemas de gestión de almacenes (SGA), permiten controlar, en tiempo real, todas las fases del flujo interno, facilitando una toma de decisiones más rápida y precisa.

ⓘ **IMPORTANTE**

Es imprescindible que todos los operadores logísticos reciban una formación específica y continua en el manejo y conducción de las carretillas elevadoras. La falta de formación adecuada incrementa significativamente el riesgo de accidentes laborales y pérdidas materiales.

1.2 ALMACENAMIENTO, SUMINISTRO Y EXPEDICIÓN DE MERCANCÍAS

El **almacenamiento, suministro y expedición** son etapas esenciales del proceso logístico interno, estrechamente relacionadas entre sí, cuyo objetivo central es garantizar que las mercancías permanezcan en óptimas condiciones desde su recepción hasta la entrega final al cliente. Un manejo adecuado durante estas etapas implica no solo la preservación de la calidad del producto, sino también un uso racional del espacio disponible y una coordinación fluida que facilite la eficiencia y rentabilidad operativa.

1.2.1 Almacenamiento de mercancías

El **almacenamiento** constituye el conjunto de actividades destinadas a mantener temporalmente las mercancías en condiciones óptimas, organizadas y accesibles para las operaciones posteriores. Este proceso es crítico porque influye directamente en el control de inventarios, costes de operación y satisfacción del cliente.

Para optimizar el almacenamiento es fundamental atender aspectos como:

▸ **Distribución del espacio:** la organización física del almacén debe estar diseñada para facilitar movimientos rápidos y seguros. Para ello, se recurre a técnicas de almacenaje específicas, tales como almacenamiento por ubicación fija, ubicación dinámica o almacenamiento compacto.

▼ **Condiciones ambientales adecuadas:** en función del tipo de mercancías, será necesario garantizar condiciones específicas de temperatura, humedad o protección contra elementos externos como polvo o luz solar.

▼ **Sistemas adecuados de estanterías y paletización:** el uso adecuado de estanterías industriales permite aprovechar mejor el espacio vertical, facilitando la rotación rápida y segura de las mercancías.

Ejemplo

En un almacén de productos perecederos (por ejemplo, frutas y verduras), es fundamental disponer las mercancías en cámaras frigoríficas con temperatura controlada, utilizando sistemas FIFO (First In, First Out) para asegurar que los productos almacenados con anterioridad sean los primeros en salir, evitando pérdidas por deterioro.

1.2.2 Suministro de mercancías

El **suministro** es la actividad logística que asegura que las mercancías estén disponibles oportunamente en los puntos donde son necesarias para satisfacer las demandas internas o externas. La gestión del suministro debe garantizar que no existan desabastecimientos ni excesos innecesarios de mercancía almacenada, lo que podría incrementar significativamente los costes operativos.

Para ello, es esencial realizar una gestión eficiente del inventario mediante métodos específicos:

▸ **Just-in-time (JIT):** consiste en disponer de mercancías únicamente cuando son requeridas, minimizando inventarios innecesarios.

▸ **Stock de seguridad:** mantener una reserva estratégica para hacer frente a situaciones inesperadas de alta demanda o retrasos en las entregas.

▸ **Gestión informatizada del inventario:** utilización de sistemas informáticos que permitan conocer en tiempo real los niveles de stock, optimizando decisiones relativas al aprovisionamiento.

Método de suministro	Aplicación ideal	Ventaja principal
Just-in-time	Empresas con demanda constante y predecible	Reducción del coste de inventario
Stock de seguridad	Sectores con demanda variable o incertidumbre en el suministro	Reducción de riesgos por desabastecimiento

ⓘ NOTA

Un suministro eficiente depende directamente de una adecuada coordinación entre almacén, compras y ventas. Las áreas implicadas deben compartir información en tiempo real para evitar desajustes que provoquen excesos o faltantes en la cadena de suministro.

1.2.3 Expedición de mercancías

La **expedición** es el conjunto de actividades destinadas a preparar, embalar, etiquetar, documentar y enviar las mercancías al cliente final o a otras localizaciones. Una gestión eficiente en esta fase permite mejorar tiempos de entrega, reducir errores y elevar la satisfacción del cliente.

Entre las acciones principales en la expedición destacan:

- ▸ **Picking o preparación de pedidos:** es la recogida selectiva de mercancías almacenadas según un pedido específico. Esta actividad puede realizarse manual o automáticamente mediante sistemas automatizados o semi-automatizados.

- ▸ **Embalaje y etiquetado:** la mercancía se embala según sus características físicas y las condiciones específicas del transporte. El etiquetado debe ser claro y completo, indicando aspectos como peso, dimensiones, destino y cualquier instrucción de manipulación especial.

- ▸ **Documentación obligatoria:** las mercancías expedidas deben acompañarse de documentos específicos como albaranes, facturas o documentos específicos de transporte internacional, en su caso.

Ejemplo

Una empresa distribuidora de productos electrónicos realiza el picking mediante un sistema informatizado que indica al operario las referencias y cantidades exactas de mercancía que debe preparar. Tras esto, los productos se embalan cuidadosamente en cajas que los protegen durante el transporte y se identifican mediante etiquetas con código QR que contienen toda la información del pedido, agilizando posteriormente su seguimiento y trazabilidad.

Para mejorar la eficiencia en estas tres etapas es importante considerar ciertas prácticas:

- **Capacitación continua del personal:** los empleados deben estar capacitados en el manejo de mercancías y uso de equipos como carretillas elevadoras, sistemas automáticos de picking o tecnologías de información.

- **Digitalización y automatización:** la implementación de software específico (SGA, ERP) y sistemas automatizados agiliza procesos, reduce errores humanos y optimiza el flujo logístico.

- **Coordinación interdepartamental:** la sincronización fluida entre compras, almacén, producción y distribución permite anticipar necesidades, evitar demoras y reducir costes operativos.

- **Auditorías internas periódicas:** es fundamental evaluar regularmente el rendimiento logístico, identificando áreas de mejora continua en almacenamiento, suministro y expedición.

1.3 NORMATIVA COMUNITARIA Y ESPAÑOLA SOBRE MANIPULACIÓN DE MERCANCÍAS

El cumplimiento de la **normativa legal sobre manipulación de mercancías** resulta imprescindible para asegurar que todas las operaciones logísticas internas se desarrollen en condiciones adecuadas de seguridad, higiene, eficiencia y respeto medioambiental. La normativa comunitaria, dictada por la Unión Europea, establece un marco general que es posteriormente adaptado y ampliado por las regulaciones específicas españolas, que tienen en cuenta las particularidades del entorno empresarial y laboral nacional.

El objetivo principal de estas normativas es prevenir riesgos laborales, garantizar la integridad física de los trabajadores, proteger la mercancía y asegurar que todas las actividades logísticas se desarrollen en condiciones legales claras y homogéneas. Un conocimiento actualizado de esta normativa no solo previene sanciones legales, sino que contribuye directamente a reducir accidentes laborales y mejorar la eficiencia operativa de las empresas.

1.3.1 Normativa comunitaria (Unión Europea)

La Unión Europea cuenta con una serie de directivas y reglamentos que establecen los criterios básicos a cumplir por las empresas respecto a la manipulación de mercancías. Entre los aspectos fundamentales regulados por estas normativas destacan:

- ► **Directiva Marco 89/391/CEE sobre seguridad y salud en el trabajo**: establece la obligación general de prevenir riesgos laborales en todas las actividades empresariales, incluyendo el transporte y manipulación de mercancías.

- ► **Directiva 90/269/CEE sobre manipulación manual de cargas**: determina las disposiciones mínimas de seguridad y salud relativas a la manipulación manual de cargas, identificando límites de peso recomendados y procedimientos específicos para evitar lesiones musculoesqueléticas.

▸ **Reglamento (CE) nº 1272/2008 (CLP) sobre clasificación, etiquetado y envasado de sustancias químicas**: obliga a etiquetar y manipular adecuadamente mercancías peligrosas, especificando claramente las características y riesgos asociados a cada tipo de producto.

1.3.2 Normativa española específica

En España, la normativa comunitaria se complementa con regulaciones específicas que detallan y adaptan las directrices generales de la UE. La normativa española es especialmente estricta en materia de prevención de riesgos laborales y protección de los trabajadores en actividades logísticas. Entre la normativa más relevante se encuentran:

▸ **Ley 31/1995 de Prevención de Riesgos Laborales (PRL)**: norma básica que establece los derechos y deberes de empresarios y trabajadores respecto a la prevención de accidentes, daños o enfermedades derivadas del trabajo. La ley exige la elaboración y aplicación de planes específicos de prevención adaptados al tipo de actividad realizada.

▸ **Real Decreto 486/1997 sobre lugares de trabajo**: define los requisitos mínimos que deben cumplir los espacios destinados a la manipulación, almacenamiento y transporte de mercancías, tales como iluminación, ventilación, señalización, temperatura y protección contra incendios.

▸ **Real Decreto 487/1997 sobre manipulación manual de cargas**: desarrolla específicamente los requisitos en España para la manipulación manual segura de cargas, estableciendo límites de peso recomendados y las medidas de prevención obligatorias para evitar daños físicos a los trabajadores.

▼ **Real Decreto 1215/1997 sobre utilización de equipos de trabajo**: establece los requisitos mínimos que deben cumplir las carretillas elevadoras y otros equipos utilizados en la manipulación interna de mercancías, así como la obligación de realizar inspecciones periódicas de mantenimiento y conservación.

Normativa	Ámbito de aplicación	Aspectos clave regulados
Ley 31/1995	General (prevención riesgos laborales)	Obligación de elaborar planes de prevención, formación obligatoria y evaluación de riesgos
RD 486/1997	Lugares de trabajo	Requisitos en espacios (iluminación, ventilación, temperatura, señalización)
RD 487/1997	Manipulación manual de cargas	Límites de peso recomendados, procedimientos de seguridad
RD 1215/1997	Equipos de trabajo (carretillas elevadoras)	Condiciones mínimas de seguridad, inspecciones periódicas obligatorias

ⓘ **IMPORTANTE**

La normativa española sobre manipulación de mercancías exige, además, que las empresas dispongan de un documento específico denominado Evaluación de Riesgos, actualizado periódicamente y accesible para todos los trabajadores implicados. Este documento debe contener una identificación clara de riesgos específicos, así como las medidas concretas aplicadas para mitigarlos o eliminarlos completamente.

Es esencial destacar que el incumplimiento de la normativa comunitaria y española sobre manipulación de mercancías puede acarrear graves consecuencias, entre las cuales destacan:

▼ **Accidentes laborales**: el riesgo más inmediato y grave, pudiendo provocar daños personales irreparables o fatales.

▸ **Sanciones económicas y administrativas**: las inspecciones laborales pueden derivar en multas significativas o cierres temporales de instalaciones.

▸ **Daños reputacionales y pérdida de negocio**: las empresas con incidentes frecuentes por incumplimiento pierden credibilidad y competitividad en el mercado.

▸ **Problemas legales graves**: en casos extremos de negligencia, pueden derivarse responsabilidades penales hacia los directivos y responsables legales.

Para asegurar la plena conformidad normativa en la manipulación de mercancías, las empresas pueden adoptar ciertas prácticas:

▸ Formación continua específica del personal en prevención de riesgos laborales y normativa aplicable.

- ▼ Auditorías internas periódicas que verifiquen el cumplimiento de las regulaciones vigentes.

- ▼ Actualización constante de procedimientos y protocolos internos según cambios normativos.

- ▼ Inversión en equipos y sistemas tecnológicos que garanticen la seguridad en las operaciones logísticas.

Ejemplo

Una empresa de distribución farmacéutica implanta un programa de formación continua obligatoria sobre prevención de riesgos laborales para todos sus empleados, enfocándose especialmente en aquellos que operan carretillas elevadoras. Además, realiza auditorías internas trimestrales para garantizar el cumplimiento riguroso del RD 1215/1997, minimizando así el riesgo de accidentes laborales y asegurando la conformidad legal.

1.4 PREVENCIÓN DE RIESGOS LABORALES Y MEDIDAS DE SEGURIDAD EN EL TRANSPORTE DE MERCANCÍAS

La **prevención de riesgos laborales** en el transporte de mercancías constituye un aspecto central y prioritario dentro de la gestión logística. Las actividades relacionadas con el transporte interno de cargas presentan riesgos específicos para los trabajadores, especialmente aquellos que manejan maquinaria como las carretillas elevadoras. Estos riesgos pueden tener consecuencias serias tanto en la salud del personal como en la integridad de los productos y en los costes operativos de la empresa.

Una gestión adecuada de la prevención implica la identificación sistemática de los peligros potenciales, la evaluación continua de los riesgos, y la aplicación efectiva de medidas correctivas y preventivas que minimicen o eliminen cualquier peligro para los trabajadores y las mercancías transportadas.

Para adoptar medidas efectivas de prevención es fundamental conocer en profundidad los riesgos más habituales asociados al transporte interno de mercancías. Entre estos riesgos destacan especialmente:

▶ **Vuelco de carretillas elevadoras**: puede deberse a una mala distribución de la carga, sobrepeso, exceso de velocidad o irregularidades en el terreno. Es uno de los accidentes más frecuentes y graves en la logística interna.

▸ **Atropellos o colisiones**: derivados de una circulación incorrecta de las carretillas en espacios compartidos con peatones, falta de señalización o deficiente visibilidad del conductor.

▸ **Caídas de mercancías**: ocasionadas por una mala colocación o sujeción incorrecta de la carga, generando potenciales daños personales y materiales.

▸ **Sobreesfuerzos o lesiones musculoesqueléticas**: consecuencia de la manipulación manual incorrecta o repetitiva de cargas, falta de ergonomía en el puesto de trabajo o falta de formación.

▸ **Accidentes eléctricos o mecánicos**: derivados del uso inapropiado o falta de mantenimiento regular de carretillas y maquinaria logística.

Para prevenir estos riesgos, las empresas deben implementar una serie de medidas básicas de seguridad laboral, entre las cuales destacan:

1.4.1 Formación específica del personal

Todo trabajador involucrado en el transporte de mercancías debe recibir formación obligatoria en:

▸ Manejo seguro y responsable de carretillas elevadoras.

▸ Procedimientos adecuados de carga y descarga.

▸ Normas de circulación interna en almacenes o zonas logísticas.

▸ Medidas de emergencia y primeros auxilios.

ⓘ **IMPORTANTE**

Según la normativa vigente, ningún trabajador puede manejar carretillas elevadoras sin haber recibido previamente la formación específica adecuada y contar con la certificación que lo acredite.

1.4.2 Uso obligatorio de Equipos de Protección Individual (EPI)

En función de las tareas desarrolladas, los trabajadores deben utilizar EPI como:

- Casco protector.
- Calzado de seguridad antideslizante.
- Chalecos reflectantes.
- Guantes específicos para manejo de mercancías.
- Protección auditiva en entornos ruidosos.

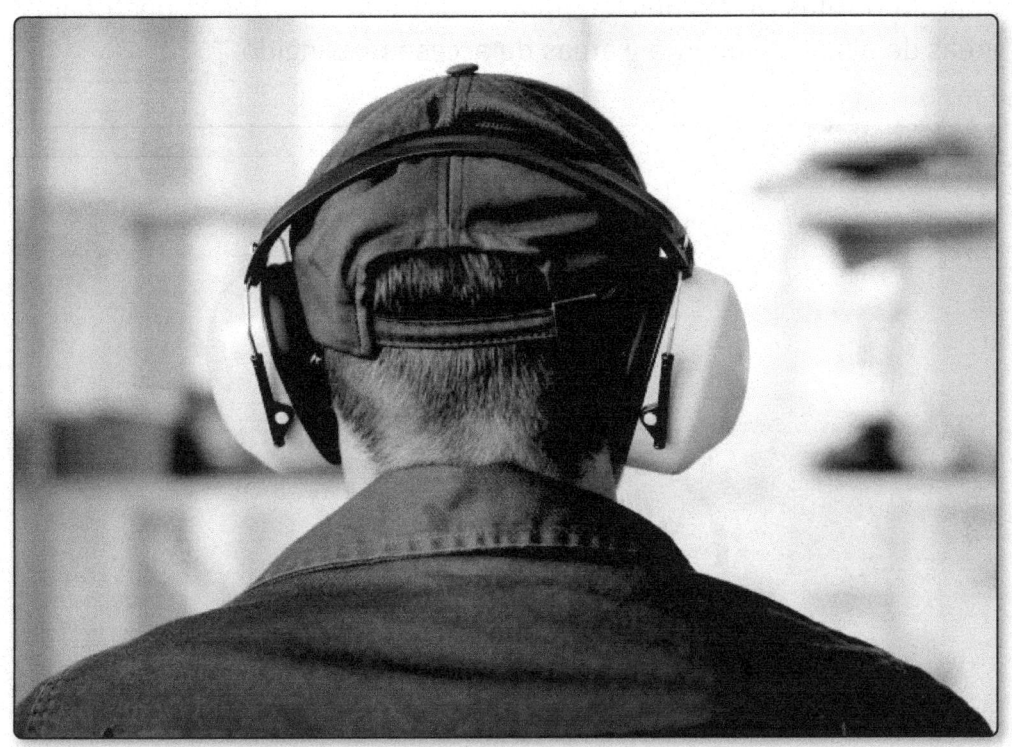

Tipo de EPI	Uso recomendado	Protección ofrecida
Casco protector	Operadores de carretillas, personal en zonas de almacenamiento	Caídas de mercancías, golpes
Calzado de seguridad	Todo personal logístico	Caídas de objetos, resbalones
Chaleco reflectante	Trabajadores en áreas compartidas con vehículos	Visibilidad y prevención de atropellos

1.4.3 Señalización clara y efectiva

La señalización adecuada del entorno logístico contribuye directamente a la prevención de accidentes. Deben existir señales claras indicando rutas de circulación, límites de velocidad, zonas peatonales, áreas de almacenamiento y áreas de acceso restringido.

Ejemplo

Un almacén logístico dispone de una completa señalización horizontal y vertical, delimitando claramente vías para carretillas elevadoras, pasos de peatones, zonas de carga y descarga, áreas de peligro y límites de velocidad (normalmente inferiores a 10 km/h). Esta medida reduce considerablemente el riesgo de accidentes internos.

1.4.4 Correcta organización y distribución del espacio

Una buena organización y distribución del espacio implica:

▸ Evitar acumulación excesiva de mercancías en zonas de tránsito.

▸ Mantener vías internas despejadas y amplias para facilitar maniobras seguras.

▸ Garantizar una iluminación adecuada en todo momento para prevenir errores por baja visibilidad.

La seguridad en el transporte interno de mercancías mediante carretillas elevadoras requiere medidas específicas adicionales, destacando especialmente las siguientes:

▸ **Inspección previa diaria:** antes de iniciar el turno de trabajo, el operario debe inspeccionar visualmente la carretilla, verificando que sus sistemas mecánicos, hidráulicos y eléctricos funcionen correctamente, así como el estado general del vehículo.

▸ **Carga adecuada:** la carga debe distribuirse uniformemente sobre las horquillas para evitar desequilibrios y mantener la estabilidad del vehículo. Es fundamental respetar el límite máximo de carga indicado por el fabricante.

▸ **Circulación segura:** el operador debe adaptar la velocidad al tipo de superficie, carga transportada y condiciones ambientales del almacén, evitando maniobras bruscas que puedan provocar vuelcos.

▸ **Uso del cinturón de seguridad:** Todos los operadores de carretillas elevadoras deben llevar siempre colocado el cinturón de seguridad para evitar daños personales en caso de vuelco o accidente.

ⓘ IMPORTANTE

Ante cualquier señal de mal funcionamiento o defecto en la carretilla elevadora, esta debe retirarse inmediatamente del servicio hasta su reparación completa por personal cualificado.

Por último, es importante recordar que la aplicación eficaz de las medidas de prevención de riesgos laborales aporta múltiples beneficios a la empresa, entre los que destacan:

- **Reducción significativa de accidentes laborales y enfermedades profesionales**.

- **Mejora del ambiente laboral**, generando mayor satisfacción y motivación entre los trabajadores.

▼ **Reducción de costes operativos derivados de accidentes**, daños materiales o interrupciones laborales.

▼ **Cumplimiento de obligaciones legales**, evitando sanciones administrativas o económicas.

1.5 MEDIOS DE TRANSPORTE INTERNOS Y EXTERNOS DE LAS MERCANCÍAS. CONDICIONES BÁSICAS

La selección adecuada de los **medios de transporte internos y externos** condiciona significativamente la eficacia del proceso logístico completo. Cada mercancía presenta características específicas en cuanto a peso, volumen, fragilidad o peligrosidad, que determinan la elección correcta del medio de transporte para asegurar su integridad durante todo el proceso. Por ello, comprender las condiciones básicas que deben cumplir estos medios resulta esencial tanto para el transporte interno (dentro de las instalaciones) como para el transporte externo (hacia clientes o puntos finales de distribución).

1.5.1 Medios de transporte internos

Los **medios de transporte internos** facilitan la movilidad de mercancías dentro del almacén o planta de producción. Su elección depende del tipo de mercancía, distancia de transporte, frecuencia y condiciones específicas del entorno de trabajo.

Entre los principales medios internos destacan:

▼ **Carretillas elevadoras (autoelevadores)**: son las más habituales en la logística interna debido a su versatilidad y eficiencia para manejar mercancías pesadas o voluminosas. Pueden ser eléctricas o térmicas (combustión), dependiendo del entorno y del uso previsto.

▶ **Transpaletas manuales o eléctricas**: ideales para distancias cortas, mercancías más ligeras o espacios reducidos. Son prácticas, económicas y fáciles de manejar.

▐ **Apiladores eléctricos**: usados para operaciones en altura, almacenaje vertical o preparación de pedidos. Ofrecen gran estabilidad y seguridad.

▐ **Transportadores o cintas transportadoras**: eficaces en instalaciones de producción o distribución que requieren movimientos continuos y automatizados de mercancías pequeñas o medianas.

Las condiciones básicas exigidas a los medios internos son:

▶ **Estabilidad y seguridad**: capacidad para transportar la mercancía de forma segura, garantizando el equilibrio adecuado y la estabilidad en todo momento.

▶ **Capacidad adecuada a la carga**: deben seleccionarse vehículos adecuados al peso y volumen específico de la mercancía.

▶ **Maniobrabilidad**: facilidad para moverse en espacios reducidos, realizar giros seguros y adaptarse a rutas internas específicas.

▶ **Mantenimiento regular**: inspecciones periódicas para garantizar la seguridad y la funcionalidad de los equipos.

Medio Interno	Tipo de carga	Aplicación principal	Ventaja principal
Carretilla elevadora	Pesadas y voluminosas	Almacenaje, carga y descarga	Alta capacidad y versatilidad
Transpaleta eléctrica/manual	Ligeras o paletizadas	Movimientos cortos, picking	Económicas y prácticas
Apilador eléctrico	Carga paletizada en altura	Almacenaje vertical	Seguridad y precisión
Cintas transportadoras	Pequeñas y medianas	Producción automatizada	Automatización y eficiencia

Ejemplo

Una fábrica de muebles utiliza carretillas elevadoras eléctricas para transportar grandes paneles de madera desde el área de recepción hacia la línea de producción. A su vez, las piezas más pequeñas se trasladan mediante cintas transportadoras automáticas para garantizar una fluidez continua del proceso.

1.5.2 Medios de transporte externos

Los **medios de transporte externos** son los encargados de trasladar la mercancía fuera de las instalaciones hacia clientes o distribuidores. La elección depende de factores como distancia, coste, urgencia, volumen y tipo de mercancía. Entre los medios externos destacan principalmente:

- ▼ **Transporte por carretera (camiones)**: es el más utilizado en distancias cortas o medias, debido a su flexibilidad, rapidez de entrega y capacidad para adaptarse a múltiples rutas.

- ▼ **Transporte ferroviario**: utilizado en grandes volúmenes y largas distancias, ofreciendo buena relación coste-eficiencia en mercancías pesadas.

- ▼ **Transporte marítimo**: adecuado para mercancías en grandes cantidades, especialmente en comercio internacional, siendo la opción más económica para grandes cargas, aunque más lenta.

- ▼ **Transporte aéreo**: indicado para mercancías urgentes, de alto valor o perecederas, destacando por su rapidez, pero con un coste considerablemente mayor.

Las condiciones básicas exigidas a los medios externos son:

- ▼ **Seguridad en el transporte**: garantizar la integridad física de la mercancía desde la carga hasta la entrega.

- ▼ **Adecuación a la mercancía**: respetar las condiciones específicas necesarias (temperatura, humedad, protección frente a vibraciones o golpes).

- ▼ **Eficiencia económica**: equilibrar costes y tiempos para asegurar una rentabilidad adecuada en cada operación logística.

- ▼ **Cumplimiento normativo**: respetar las regulaciones nacionales e internacionales de transporte en función del tipo de mercancía (mercancías peligrosas, perecederas o valiosas).

Medio externo	Tipo de mercancía	Distancia habitual	Ventaja principal
Carretera (camión)	Diversa	Corta-media	Flexibilidad y rapidez
Ferrocarril	Pesada, gran volumen	Media-larga	Coste reducido por tonelada
Marítimo	Grandes volúmenes	Internacional, larga distancia	Muy económico para cargas grandes
Aéreo	Urgente, perecedera, alto valor	Larga distancia	Rapidez y seguridad

Ejemplo

Una empresa exportadora de alimentos frescos utiliza transporte aéreo para mercancías urgentes con destino internacional debido a su rapidez y condiciones óptimas de conservación, mientras que para productos no perecederos enviados a otros países opta por transporte marítimo, más económico y adecuado para grandes volúmenes.

Para decidir correctamente qué medio de transporte utilizar, tanto interno como externo, se deben considerar cuidadosamente ciertos aspectos:

- **Características específicas de la mercancía** (peso, volumen, peligrosidad).

- **Urgencia en los tiempos de entrega**.

- **Presupuesto disponible y coste de transporte**.

- **Infraestructura disponible** (capacidad de carga, accesos, distancias).

- **Requisitos especiales** (temperatura controlada, protección especial).

> **ⓘ NOTA**
>
> Una selección incorrecta del medio de transporte incrementa el riesgo de daños a la mercancía y puede generar importantes pérdidas económicas derivadas de retrasos en la entrega o incumplimiento de condiciones acordadas con el cliente.

1.6 SIMBOLOGÍA Y SEÑALIZACIÓN DEL ENTORNO Y MEDIOS DE TRANSPORTE: PLACAS, SEÑALES INFORMATIVAS LUMINOSAS, ACÚSTICAS

Una adecuada **simbología y señalización** en los entornos donde se manipulan y transportan mercancías es un elemento esencial de seguridad. Su objetivo principal es **prevenir accidentes**, facilitar la **circulación fluida y ordenada** de personas y vehículos, y proporcionar **información clara e inmediata** sobre posibles riesgos o instrucciones de comportamiento. En los almacenes, centros logísticos y áreas industriales, donde coexisten peatones, maquinaria móvil y mercancías de distintos tipos, la señalización se convierte en una herramienta para garantizar la integridad de las personas y las cargas.

La normativa vigente, en particular el **Real Decreto 485/1997 sobre disposiciones mínimas en materia de señalización de seguridad y salud en el trabajo**, regula en España la señalización de seguridad en los centros de trabajo. Esta normativa establece las características, ubicaciones y usos de los diferentes tipos de señales.

La señalización puede clasificarse según el **canal de comunicación** utilizado: visual (placas, paneles, luces) y acústico (señales sonoras). Ambos tipos deben integrarse en un sistema coherente, estandarizado y comprensible para todos los trabajadores.

1.6.1 Placas y señales visuales

Son los elementos más utilizados para señalizar de forma permanente riesgos, instrucciones u orientaciones. Pueden ser:

▶ **Señales de prohibición**: indican acciones que no deben realizarse.

- Ejemplo: "Prohibido el paso a personas no autorizadas", "Prohibido fumar".

▶ **Señales de advertencia**: alertan sobre un peligro potencial.

- Ejemplo: "Atención: carretillas en circulación", "Riesgo eléctrico".

▶ **Señales de obligación**: indican conductas o acciones obligatorias.

- Ejemplo: "Uso obligatorio del casco", "Obligatorio cinturón de seguridad".

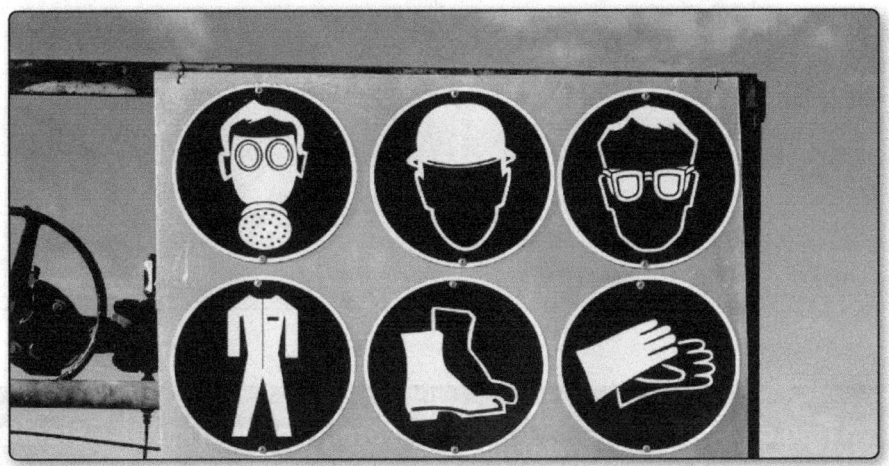

▶ **Señales de evacuación o emergencia**: informan de salidas, equipos o rutas de evacuación.

- Ejemplo: "Salida de emergencia", "Extintor", "Punto de encuentro".

▸ **Señales informativas generales**: proporcionan indicaciones logísticas o direccionales.

- Ejemplo: "Zona de carga", "Recepción", "Almacén A".

Tipo de señal	Color principal	Forma geométrica	Significado
Prohibición	Rojo	Circular	Acción no permitida
Advertencia	Amarillo	Triangular	Peligro o riesgo
Obligación	Azul	Circular	Acción requerida u obligatoria
Emergencia/ salvamento	Verde	Rectangular/cuadrada	Rutas, equipos de emergencia

Ejemplo

En un almacén donde circulan varias carretillas elevadoras, se han colocado señales triangulares amarillas con la silueta de una carretilla en movimiento en todas las intersecciones, junto con señales azules que indican "Uso obligatorio del chaleco reflectante". En las zonas de carga se señalan claramente los límites con franjas amarillas en el suelo y se han instalado paneles rojos que indican la prohibición de acceso a personal no autorizado.

1.6.2 Señales luminosas

Las **señales luminosas** complementan las visuales convencionales y resultan especialmente útiles en entornos con poca visibilidad, ruido ambiental elevado o necesidad de avisos temporales.

Estas señales pueden estar integradas en los propios **vehículos de transporte interno** (como carretillas elevadoras) o en las infraestructuras del almacén:

- **Luz giratoria o intermitente en carretillas**: señaliza movimiento o cambio de dirección. Es fundamental para alertar a peatones.

- **Semáforos logísticos**: regulan el acceso o la salida de vehículos en zonas compartidas, como muelles de carga o pasos interiores.

- **Proyección de señales LED sobre el suelo**: cada vez más utilizada, por ejemplo, para indicar la trayectoria de carretillas o zonas de paso en tiempo real.

(i) NOTA

Las señales luminosas deben ser suficientemente visibles, no causar deslumbramientos, y deben mantenerse limpias y en buen estado para conservar su eficacia.

1.6.3 Señales acústicas

Las **señales acústicas** cumplen una función de alerta inmediata y son esenciales cuando los trabajadores no pueden visualizar las señales por estar concentrados en otras tareas o cuando existe un riesgo inminente. Pueden clasificarse en:

- **Avisos de marcha atrás o arranque de carretillas**.
- **Alarmas de emergencia o evacuación**.
- **Avisos sonoros integrados en puertas automáticas o rampas**.

El sonido debe ser **diferenciable y reconocible**, sin confundirse con el ruido ambiental. Además, no debe ser excesivamente molesto ni producir daños auditivos.

Ejemplo

En una empresa de distribución, las carretillas elevadoras emiten una señal acústica al dar marcha atrás, combinada con una luz intermitente amarilla. Al mismo tiempo, las zonas de carga están equipadas con semáforos que se ponen en rojo si hay un vehículo maniobrando dentro. Estas señales combinadas permiten evitar atropellos y colisiones, incluso en horas de alta actividad.

Para que la simbología y señalización cumplan su función con eficacia, deben observarse una serie de recomendaciones prácticas:

- **Uniformidad en el diseño**: las señales deben ser coherentes en color, forma y simbología, preferiblemente conforme a las normas UNE e ISO (por ejemplo, UNE 1115 o ISO 7010).

- **Ubicación visible y accesible**: las señales deben colocarse a la altura visual del usuario y sin obstáculos que las oculten.

- **Revisión y mantenimiento regular**: verificar que no estén deterioradas, descoloridas, obstruidas o apagadas en el caso de las señales luminosas.

- **Formación al personal**: todos los trabajadores deben conocer el significado de las señales presentes en su entorno y saber cómo actuar en función de cada una.

▶ **Actualización ante cambios del entorno**: cada vez que se modifique la distribución del almacén, las rutas de circulación o el tipo de mercancía, se debe revisar y actualizar la señalización.

1.7 UNIDAD DE CARGA. MEDICIÓN Y CÁLCULO DE CARGAS

El concepto de **unidad de carga** es fundamental en la logística y el transporte de mercancías, ya que permite **agrupar productos individuales en bloques organizados**, facilitando su manipulación, almacenaje y transporte de forma segura y eficiente. Esta unidad puede componerse de cajas, sacos, bidones u otros envases agrupados sobre un soporte estructural común como un **palé** (también llamado pallet), una jaula metálica o un contenedor. El uso correcto de unidades de carga optimiza los tiempos, mejora la seguridad en el manejo de materiales y permite una mejor trazabilidad de los productos.

Una **unidad de carga** es una agrupación estable y compacta de mercancías individuales, dispuesta de forma que pueda manipularse como un solo conjunto mediante medios mecánicos (carretillas elevadoras, apiladores, transpaletas, etc.). La estandarización de estas unidades permite un mayor control logístico y una significativa reducción del esfuerzo humano en la manipulación.

Los componentes típicos de una unidad de carga son:

1. **Soporte base**: el más común es el palé, generalmente de madera, plástico o metal.

2. **Carga útil**: las mercancías agrupadas que se colocan sobre el soporte.

3. **Elementos de fijación o protección**: flejes, film retráctil, cantoneras, tapas o fundas que estabilizan y protegen la carga.

Ejemplo

Una empresa de distribución de bebidas organiza botellas en cajas, coloca 40 cajas sobre un palé y las envuelve con film plástico. Esa estructura completa forma una unidad de carga, que puede trasladarse fácilmente con una carretilla elevadora sin necesidad de manipular cada caja individualmente.

Algunas de las ventajas del uso de unidades de carga son:

- **Reducción del tiempo de manipulación**.

- **Mayor seguridad** para el operario y para el producto.

- **Optimización del espacio** en almacenes y vehículos.

- **Facilidad de control y conteo** mediante códigos de barras o etiquetas RFID.

- **Menor riesgo de daños** en las mercancías.

Las unidades de carga deben respetar ciertas dimensiones estandarizadas, especialmente cuando van a transportarse o almacenadas en sistemas automatizados o internacionalmente. El tamaño estándar más común es el **palé europeo (EUR o europalé)**:

Tipo de palé	Dimensiones (mm)	Capacidad de carga (aprox.)
Palé europeo (EUR)	1200 x 800	1500 kg
Palé industrial	1200 x 1000	1500 kg
Palé americano (ISO)	1200 x 1000	1500–2000 kg

Es importante tener en cuenta no solo la **superficie de base**, sino también la **altura total** de la unidad de carga, ya que influye en la estabilidad y en la capacidad de almacenaje en altura o en estanterías.

ⓘ NOTA

Cuanto más alta sea una unidad de carga, mayor será el riesgo de pérdida de estabilidad durante el transporte o elevación. Se recomienda no sobrepasar alturas de 1.600 mm salvo que la carga esté perfectamente estabilizada.

Por su parte, el **cálculo de cargas** se refiere al conjunto de operaciones para determinar si una unidad de carga puede manipularse o transportada con seguridad, considerando tanto el peso total como la distribución de ese peso. Este cálculo es esencial para evitar **sobrecargas**, **vuelcos** o **daños estructurales** en la carretilla elevadora o en la estantería de almacenamiento.

1.7.1 Peso total de la carga

Debe sumarse el peso de todos los elementos que conforman la unidad de carga:

Peso total = Peso del soporte (palé) + Peso de la mercancía + Peso de los elementos de fijación

Ejemplo:

▸ Palé de madera: 25 kg

▸ 40 cajas de 12 kg: 480 kg

▸ Film plástico y cantoneras: 5 kg

Peso total = 25 + 480 + 5 = 510 kg

1.7.2 Centro de gravedad

El centro de gravedad es el punto donde se concentra el peso de la unidad de carga. Una distribución desigual de la mercancía provoca un **desplazamiento del centro de gravedad**, lo que puede desestabilizar la carretilla elevadora o provocar caídas de carga.

▸ Siempre debe colocarse la carga más pesada en la parte inferior.

▸ La carga debe distribuirse simétricamente respecto al palé.

1.7.3 Carga máxima admisible de la carretilla

Cada carretilla tiene una **capacidad nominal** máxima, que se reduce en función de la **altura de elevación** y la **posición del centro de gravedad de la carga**. Para calcular si una unidad de carga es segura para una carretilla, se debe tener en cuenta el **diagrama de cargas** proporcionado por el fabricante.

Altura de elevación (mm)	Capacidad máxima (kg) con centro de carga a 500 mm
3000	1500
4000	1300
5000	1100

ⓘ IMPORTANTE

Nunca debe manipularse una unidad de carga cuyo peso exceda la capacidad máxima de la carretilla. Además, debe evitarse desplazar la carga si esta no está perfectamente equilibrada.

Algunas buenas prácticas en la formación de unidades de carga son:

▸ Utilizar **palés en buen estado**, sin astillas, grietas o elementos sueltos.

▸ Estabilizar correctamente la carga con **film estirable, flejes o cantoneras**.

▸ No permitir salientes que **sobresalgan del perímetro del palé**.

▸ Asegurar una base **homogénea y nivelada** para evitar inclinaciones.

▸ Etiquetar correctamente cada unidad de carga con información clara: contenido, peso, destino, manipulaciones especiales, etc.

Ejemplo

Una empresa logística establece un protocolo de embalaje donde toda unidad de carga debe llevar una etiqueta con código QR que contiene la identificación del producto, el peso total y las instrucciones de manipulación. Además, exige que el centro de gravedad esté claramente señalado cuando la carga sea alta o irregular.

1.8 DOCUMENTACIÓN QUE ACOMPAÑA A LAS MERCANCÍAS

Toda mercancía que se transporta, tanto dentro como fuera de las instalaciones de una empresa, debe ir acompañada de una **documentación específica** que permita su **identificación, control y seguimiento** en todas las fases del proceso logístico. Esta documentación cumple funciones fundamentales: legales, operativas y de trazabilidad. Su correcta emisión, revisión y conservación es un requisito indispensable tanto para cumplir la normativa vigente como para asegurar la eficiencia del flujo logístico y evitar errores o pérdidas de mercancía.

La documentación puede ser **física (en papel)** o **digital (en formato electrónico)**, según los medios disponibles y los acuerdos entre las partes implicadas en el transporte (proveedor, transportista, operador logístico, cliente).

Las finalidades de la documentación logística son:

▸ **Identificar el contenido de la carga**: tipo de mercancía, peso, dimensiones, unidades, número de palés o bultos.

▸ **Probar la titularidad de la mercancía**: quién es el remitente, el destinatario y el transportista responsable.

▸ **Verificar la conformidad con lo pactado**: cantidades entregadas, estado de la mercancía, fechas de envío y entrega.

▸ **Facilitar la trazabilidad**: permitir el seguimiento de la mercancía durante su tránsito, localizando errores o incidencias.

▸ **Cumplir con la normativa legal**: en cuanto a transporte, seguridad, fiscalidad y aduanas (en el caso de mercancía internacional).

Los documentos logísticos más comunes son los siguientes:

1. **Albarán de entrega (nota de entrega)**: documento emitido por el remitente que detalla la mercancía enviada. Va firmado por el destinatario como prueba de que ha recibido los productos.

   Incluye:

   - Número de albarán.
   - Datos del proveedor y del cliente.
   - Fecha de emisión y entrega.
   - Descripción y cantidad de los productos.
   - Observaciones sobre el estado de la mercancía.

Ejemplo

Un operario recibe una carga de 10 palés de bebidas. Antes de almacenarlos, revisa el albarán para comprobar que coinciden la cantidad, el tipo de producto y que no hay daños aparentes. Firma el albarán como conformidad.

2. **Hoja de ruta o carta de porte (CMR)**: documento de transporte obligatorio para servicios por carretera, especialmente en operaciones nacionales o internacionales. Identifica al transportista, la mercancía, el origen y destino, y las condiciones del contrato de transporte.

> ### ⓘ IMPORTANTE
>
> En transportes internacionales se utiliza el CMR, regulado por el convenio relativo al contrato de transporte internacional de mercancías por carretera.

3. **Factura comercial**: documento fiscal emitido por el vendedor al comprador, que incluye todos los detalles de la operación comercial: precios, cantidades, condiciones de pago, impuestos, etc. En muchas ocasiones acompaña a la mercancía, especialmente si se trata de comercio exterior.

4. **Etiquetas logísticas**: son imprescindibles para la identificación rápida de cada unidad de carga. Pueden incluir código de barras, códigos QR, número de lote, destino, peso, instrucciones de manipulación o símbolos de seguridad.

Ejemplo

Una empresa de distribución farmacéutica genera etiquetas específicas con códigos de lote, fecha de caducidad y símbolo de "frágil" para cada palé de medicamentos.

5. **Documentación específica para mercancías peligrosas**: cuando se transportan sustancias o productos peligrosos, se requiere un conjunto adicional de documentos que informan sobre el tipo de riesgo, las condiciones de transporte y los protocolos de actuación en caso de accidente. Entre ellos destacan:

   - Ficha de datos de seguridad (FDS).

   - Etiquetado según el Reglamento CLP (Reglamento (CE) 1272/2008).

   - Carta de porte ADR (si aplica el transporte de mercancías peligrosas por carretera).

ⓘ IMPORTANTE

La omisión o incorrecta cumplimentación de la documentación puede conllevar retrasos en la entrega, rechazos de la mercancía, sanciones administrativas y pérdidas económicas. Además, afecta negativamente a la imagen de profesionalidad de la empresa.

Cada vez más empresas optan por gestionar estos documentos en formato **electrónico** mediante herramientas como ERP (Enterprise Resource Planning), SGA (Sistema de Gestión de Almacén) o plataformas EDI (Intercambio Electrónico de Datos). Estas soluciones permiten:

- ⛛ Acceso inmediato y simultáneo a los documentos por todos los actores implicados.

- ⛛ Reducción de errores humanos por duplicación o pérdida de información.

- ⛛ Automatización de procesos (por ejemplo, el albarán se genera y transmite automáticamente al confirmar el pedido).

- ⛛ Mejora en la trazabilidad y control en tiempo real.

Ejemplo

Una plataforma logística recibe los albaranes digitales directamente a través del SGA. Cuando el transportista escanea el código QR de la etiqueta del palé, se registra automáticamente la entrada y ubicación del producto, sin necesidad de imprimir documentación.

Para asegurar una gestión eficiente y segura de la documentación que acompaña a las mercancías, se recomienda:

▼ Verificar que todos los documentos están completos, actualizados y correctamente firmados.

▼ Archivar una copia digital o física de cada documento relacionado con la expedición.

▼ Formar al personal en la identificación y manejo de la documentación básica.

▼ Establecer protocolos claros para la gestión de incidencias (productos faltantes, dañados, errores en los documentos, etc.).

1.9 DOCUMENTACIÓN QUE GENERA EL MOVIMIENTO DE CARGAS. TRANSMISIÓN POR VÍAS DIGITALES

Cada vez que una mercancía se mueve dentro de una instalación logística —ya sea desde la zona de recepción hasta el almacén, del almacén al área de preparación de pedidos, o desde allí hacia la expedición— se generan registros documentales que permiten **controlar, organizar y trazar** el flujo de materiales. Esta **documentación interna**, aunque no siempre acompaña físicamente a la carga, es fundamental para garantizar el control del inventario, la seguridad operativa y la eficiencia del proceso logístico.

En la actualidad, esta documentación se gestiona mayoritariamente por **vías digitales**, lo que ha permitido automatizar procesos, reducir errores humanos, mejorar la trazabilidad y facilitar la toma de decisiones basada en datos en tiempo real.

El movimiento de mercancías dentro de una empresa genera distintos tipos de documentos, que pueden variar según el nivel de automatización y el tipo de sistema de gestión utilizado. Entre los más comunes destacan:

1. **Órdenes de movimiento o traslado:** indican la instrucción de mover una carga de un punto a otro dentro de la instalación (por ejemplo, del muelle de descarga a la zona de almacenaje, o de una estantería a la zona de picking).

   Incluyen:

   - Código del producto o unidad de carga.
   - Ubicación origen y ubicación destino.
   - Fecha y hora de ejecución.
   - Operario responsable del movimiento.
   - Estado del producto (si está completo, dañado, parcial).

2. **Parte de entrada o salida interna:** documento de control que registra los movimientos de mercancía entre diferentes ubicaciones internas. Permite llevar un seguimiento del stock real en cada zona.

3. **Registro de incidencias:** se genera automática o manualmente cuando el operario detecta una **anomalía** durante el movimiento de la carga: diferencias en el número de unidades, embalaje dañado, error de ubicación, etc.

4. **Tarjeta o ficha de ubicación:** documento físico o digital vinculado a cada ubicación de almacenamiento. Se actualiza automáticamente con cada movimiento y permite conocer en todo momento qué mercancía hay en cada espacio del almacén.

La gestión documental digital —implantada a través de **sistemas SGA (Sistema de Gestión de Almacenes), ERP (Enterprise Resource Planning)** o **plataformas EDI (Intercambio Electrónico de Datos)**— ha transformado profundamente la logística moderna.

Gestión tradicional (papel)	Gestión digital
Registros físicos propensos a errores o pérdidas	Registros automáticos y en tiempo real
Dificultad para compartir datos entre departamentos	Información accesible desde múltiples dispositivos
Mayor tiempo en la toma de decisiones	Toma de decisiones ágil basada en datos
Costes asociados al papel, impresión y archivo físico	Reducción de costes y mejora medioambiental

Ejemplo

En un almacén automatizado, el sistema SGA genera órdenes de movimiento digitalizadas cada vez que se recibe una mercancía. El operario, equipado con una PDA o terminal móvil, escanea la etiqueta del palé, y el sistema le indica a qué ubicación debe trasladarlo. Al completarse el movimiento, el sistema actualiza automáticamente el inventario y genera un parte interno sin necesidad de imprimir ningún documento.

Las herramientas digitales habituales para la gestión del movimiento de cargas son:

1. **Dispositivos de escaneo y terminales portátiles**: usados por los operarios para leer códigos de barras o QR de los productos y unidades de carga, y registrar cada operación en el sistema.

2. **Etiquetas inteligentes (RFID)**: permiten identificar y rastrear mercancías sin necesidad de contacto visual directo. Ideal para grandes volúmenes o flujos continuos de materiales.

3. **Sistemas de gestión digital (SGA, ERP, TMS)**: gestionan en tiempo real los movimientos internos y externos, actualizan los niveles de inventario y generan alertas ante errores, desajustes o incidencias.

4. **Tablets o pantallas en carretillas elevadoras**: integradas con el sistema logístico, permiten al operador visualizar sus órdenes de trabajo, registrar movimientos y consultar instrucciones en tiempo real.

> **ⓘ NOTA**
>
> Para que la documentación digital funcione correctamente, debe estar integrada en una infraestructura tecnológica sólida, con formación adecuada del personal y protocolos de contingencia en caso de fallos del sistema.

Por último, algunas recomendaciones para una gestión documental digital eficaz son las siguientes:

- ▸ **Establecer procedimientos claros** sobre qué se debe documentar en cada movimiento.

- ▸ **Estandarizar formatos de etiquetas** y códigos de mercancía para facilitar el escaneo y el control automático.

- ▸ **Formar al personal** en el uso de sistemas digitales y en la detección de errores frecuentes.

- ▸ **Realizar auditorías internas periódicas** para garantizar la fiabilidad de los datos y detectar posibles desviaciones.

1.10 AUTOEVALUACIÓN DE LA SECCIÓN

Reflexiona sobre el papel del flujo logístico interno en una empresa de distribución. ¿Qué consecuencias tendría una mala organización del movimiento de mercancías dentro de un almacén? Menciona al menos tres posibles impactos negativos, tanto operativos como económicos o de seguridad, y explica brevemente cómo podrían evitarse mediante una planificación adecuada.

Imagina que trabajas en un almacén donde se reciben diariamente palés de productos con fecha de caducidad. Durante una revisión, se detecta que varios lotes próximos a vencer están colocados en el fondo del pasillo, detrás de lotes más recientes. ¿Qué errores logísticos se han cometido en la expedición y almacenamiento de estas mercancías?

¿Qué normativa española regula las condiciones de seguridad durante la manipulación de mercancías en el entorno laboral? ¿Qué principios fundamentales recoge esta normativa en relación con la protección del trabajador?

Describe brevemente tres tipos de medios de transporte internos de mercancías que pueden encontrarse en un entorno logístico. ¿Cuál de ellos sería el más adecuado para desplazar mercancías frágiles dentro de un almacén con pasillos estrechos? Justifica tu respuesta teniendo en cuenta criterios técnicos y de seguridad.

Observa una zona de carga y descarga en una empresa industrial (real o imaginaria). Describe al menos tres señales o símbolos de seguridad que debería haber presentes. ¿Qué función cumple cada una y por qué es importante que estén bien visibles? ¿Qué riesgos podría implicar su ausencia o mala señalización?

En una operación de transporte, se recibe una unidad de carga cuyo peso no figura claramente indicado. La carretilla disponible tiene una capacidad nominal de 1.800 kg a un centro de carga de 500 mm.

Explica cómo determinar si la carga puede manipularse de forma segura y qué medidas tomarías si no puedes confirmar su peso con precisión.

Comenta qué diferencia existe entre la documentación que acompaña a las mercancías (por ejemplo, albarán, etiquetado) y la documentación que genera el movimiento de cargas (como órdenes internas, registros de trazabilidad o sistemas digitales de gestión). ¿Por qué es importante que ambos tipos estén coordinados?

2

Embalaje y paletización de mercancías

El **embalaje y la paletización** son dos procesos logísticos clave en la preparación de las mercancías para su transporte y almacenamiento. Su correcta ejecución garantiza la **protección física de los productos**, facilita su **manipulación mecánica**, optimiza el **uso del espacio** y contribuye al cumplimiento de normativas nacionales e internacionales relacionadas con la seguridad, la trazabilidad y el medio ambiente.

En un entorno logístico cada vez más automatizado y orientado a la eficiencia, los embalajes y palés no son simplemente soportes o envoltorios: son **elementos estratégicos** que forman parte integral del sistema logístico de la empresa. Su elección, configuración y uso adecuado influyen directamente en el coste del transporte, en la rapidez de preparación de pedidos y en la integridad del producto durante toda la cadena de suministro.

Las funciones principales del embalaje y la paletización son:

1. **Proteger el producto**: contra golpes, vibraciones, humedad, polvo, temperaturas extremas o agentes químicos durante la manipulación, transporte o almacenamiento.

2. **Facilitar la manipulación**: permitir un manejo más seguro y eficiente mediante carretillas, transpaletas o sistemas automatizados.

3. **Optimizar el espacio**: agrupar productos de forma compacta para aprovechar al máximo el volumen disponible en almacenes y vehículos.

4. **Identificar y comunicar información**: mediante etiquetas, símbolos normalizados o códigos de barras.

5. **Cumplir normativas legales**: en especial para mercancías peligrosas, alimentos, productos farmacéuticos o exportaciones internacionales.

6. **Mejorar la sostenibilidad**: favorecer el uso de materiales reciclables, reutilizables o con menor impacto ambiental.

Ejemplo

Una empresa fabricante de electrodomésticos envía sus productos en cajas individuales protegidas con espuma. Estas cajas se colocan sobre palés europeos y se envuelven con film retráctil. Cada unidad de carga lleva una etiqueta con código QR que identifica el modelo, el número de serie, el lote de producción y el destino. Gracias a esta paletización, los productos pueden almacenarse fácilmente y cargados en camiones con carretillas elevadoras sin que sufran daños.

En un contexto de creciente conciencia medioambiental y optimización de recursos logísticos, los **palets reciclados y reutilizables** se han consolidado como una alternativa sostenible y rentable frente a los palets de un solo uso. Estos soportes permiten reducir el consumo de materiales, minimizar residuos y alargar el ciclo de vida de los embalajes, **contribuyendo activamente a una logística más circular y eficiente**.

Los **palets reutilizables** son estructuras diseñadas para soportar múltiples ciclos de uso en entornos industriales o logísticos. A diferencia de los palets desechables (que se eliminan tras una única expedición), estos están fabricados con materiales más duraderos o se han recuperado mediante procesos de reacondicionamiento.

Existen diferentes tipos de palets reutilizables:

Tipo de palet	Material	Ventajas principales	Aplicaciones comunes
Palet de madera reciclada	Madera recuperada	Bajo coste, buena resistencia, reparabilidad	Almacenes generales, logística nacional
Palet plástico reutilizable	Plástico HDPE o PP	Higiénico, ligero, lavable, resistente a humedad y plagas	Industria alimentaria, farmacéutica, exportación
Palet metálico	Acero o aluminio	Alta resistencia estructural, ideal para cargas pesadas	Automoción, maquinaria, entornos industriales
Palet híbrido	Madera y plástico	Combina solidez y ligereza	Sectores con requisitos mixtos

El uso de palets reciclados y reutilizables aporta beneficios significativos tanto desde el punto de vista **operativo** como **sostenible**:

- ⚐ **Reducción de residuos sólidos**: disminuyen la cantidad de palets desechados tras cada uso, reduciendo el volumen de residuos logísticos.

- ⚐ **Ahorro económico a largo plazo**: aunque su coste inicial puede ser mayor, su vida útil se prolonga durante decenas o incluso cientos de usos, lo que reduce el coste por expedición.

- ⚐ **Facilidad de trazabilidad**: muchos palets reutilizables incluyen sistemas de identificación por código QR o tecnología RFID para su seguimiento en tiempo real.

- ⚐ **Resistencia y estabilidad**: al estar diseñados para usos prolongados, presentan mayor tolerancia al peso, humedad o condiciones adversas.

> ▾ **Cumplimiento normativo**: en sectores regulados como el farmacéutico o alimentario, los palets reutilizables (especialmente plásticos) permiten cumplir estándares de higiene más estrictos.

En el caso de los **palets de madera reciclada**, estos pasan por procesos de:

1. **Inspección visual y estructural**.

2. **Reemplazo de tablas o tacos dañados**.

3. **Lijado, tratamiento y, si es necesario, fumigación** (normativa ISPM-15 para exportaciones).

4. **Marcado como palet reacondicionado** o clasificado por grado de calidad.

Esto permite que un palet de madera tenga **varias vidas útiles**, siempre que se garantice su resistencia estructural.

Ejemplo

Una cooperativa hortofrutícola regional implementa el uso exclusivo de palets plásticos reutilizables para la distribución de productos frescos a supermercados. Al final del circuito logístico, los palets son recogidos, lavados y reintegrados al sistema. Esta medida ha permitido reducir un 60 % el uso de palets de un solo uso en un año, disminuir costes logísticos y garantizar condiciones higiénicas estandarizadas.

Aunque presentan múltiples ventajas, los palets reutilizables deben gestionarse correctamente:

- **Necesidad de un sistema logístico de retorno**: su eficiencia depende de que puedan recuperarse tras el uso.

- **Coste inicial más elevado**: especialmente en versiones plásticas o metálicas.

- **Mantenimiento y limpieza**: deben establecerse protocolos regulares para su inspección y desinfección si se reutilizan en sectores sensibles.

- **Gestión del stock de palets**: es necesario llevar control del parque de palets disponible para evitar pérdidas o acumulación excesiva.

El uso de palets reutilizables está especialmente recomendado en **circuitos logísticos cerrados**, donde el mismo proveedor y cliente operan en ciclos repetidos. En estos casos, la gestión del retorno es más eficiente y controlada.

Un sistema adecuado de embalaje y paletización no solo tiene beneficios operativos, sino que influye en la **imagen de marca** y en la **satisfacción del cliente final**. Embalajes defectuosos o mal diseñados generan devoluciones, reclamaciones y pérdida de confianza. Por el contrario, un buen sistema de embalaje garantiza entregas en buen estado, mejora la experiencia del cliente y refuerza la percepción de profesionalismo y calidad.

Además, la estandarización en los formatos de embalaje y palé permite **integrarse fácilmente en redes logísticas globales**. Por ejemplo, usar un palé compatible con los sistemas de estanterías y plataformas de distribución de terceros evita trasbordos innecesarios, daños y costes adicionales.

2.1 TIPOS DE EMBALAJES Y ENVASES

El **embalaje** y el **envase** son elementos fundamentales en la protección y presentación de mercancías. Aunque en muchas ocasiones se utilizan como sinónimos, desde el punto de vista logístico tienen funciones distintas y complementarias:

▸ El **envase** es el primer contenedor del producto, el que está en contacto directo con él (por ejemplo, una botella, una caja de cartón, un saco).

▸ El **embalaje** es el conjunto de envoltorios, protecciones o elementos adicionales utilizados para agrupar y proteger los envases durante el transporte y almacenamiento (por ejemplo, una caja exterior, una jaula metálica o un film retráctil).

El tipo de embalaje o envase a utilizar dependerá de diversos factores: **naturaleza del producto**, **condiciones de almacenamiento y transporte**, **normativa sectorial**, **nivel de automatización del almacén**, y **destino final** del producto (consumidor final, distribución, exportación, etc.).

Los embalajes pueden clasificarse en **primarios, secundarios y terciarios** en función del nivel de agrupación y protección que proporcionan:

Tipo de embalaje	Función principal	Ejemplo
Primario	Contiene directamente el producto	Botella de agua, bolsa de harina, lata de conserva
Secundario	Agrupa varios envases primarios	Caja con 6 botellas, fardo de sacos
Terciario	Facilita el transporte y manipulación de grupos de embalajes secundarios	Palé con cajas envueltas en film estirable

Los materiales utilizados en el embalaje y envase cumplen funciones específicas según las necesidades del producto:

1. **Cartón y papel:**

   - Ligero, económico y reciclable.

   - Muy utilizado en **embalajes secundarios** (cajas, separadores, cantoneras).

   - Puede ser **simple**, **doble onda** o **microcanal**, según el nivel de protección requerido.

2. **Plástico:**

   - Alta versatilidad: puede presentarse como bolsas, films, bandejas, cajas rígidas.

   - Se usa tanto en envases primarios (botellas, botes) como en elementos de protección (film estirable o retráctil).

   - Sus tipos comunes son:
     - **PEBD/PEAD (polietileno de baja/alta densidad).**
     - **PET (polietileno tereftalato).**
     - **PVC (cloruro de polivinilo).**

3. **Metal:**

   - Utilizado en productos que necesitan alta protección o conservación: alimentos, productos químicos, pinturas.

   - Cajas metálicas, bidones o jaulas se usan en logística de productos industriales.

4. **Madera:**

   - Común en **embalajes terciarios**: palés, cajas de gran formato, jaulas para exportación.

   - Sujeta a normativas internacionales (como la **Norma ISPM-15** para evitar plagas en exportaciones).

5. **Vidrio:**

- Se utiliza como envase primario para productos alimentarios, cosméticos y farmacéuticos.

Material	Ventajas	Limitaciones
Cartón y papel	Ligero, económico y reciclable Fácil impresión para etiquetas o branding Buena protección frente a golpes leves Disponible en diferentes formatos (simple, doble onda, microcanal)	Sensible a la humedad si no está tratado Baja resistencia estructural en ambientes exigentes
Plástico	Alta versatilidad (bolsas, films, bandejas, cajas rígidas) Impermeable, flexible y resistente al desgaste Adecuado para protección contra agua o contaminantes Amplia variedad de tipos (PEBD, PEAD, PET, PVC)	Impacto ambiental si no se gestiona correctamente Restricciones normativas en exportación (sostenibilidad)
Metal	Gran resistencia y durabilidad Excelente barrera contra humedad y gases Ideal para conservación de alimentos y productos químicos	Coste elevado Peso considerable
Madera	Alta resistencia mecánica Ideal para mercancías pesadas o de gran volumen Adecuada para embalajes terciarios (palés, jaulas, cajas grandes)	Puede astillarse o deformarse con la humedad Requiere tratamiento fitosanitario para exportación (ISPM-15)
Vidrio	Higiénico y reciclable Alta resistencia química Uso común en productos alimentarios, cosméticos y farmacéuticos	Muy frágil ante impactos Pesado y costoso de transportar

2.1.1 Embalajes retornables

Diseñados para reutilizarse varias veces. Son típicos en circuitos logísticos cerrados (entre fábricas, plataformas o clientes fijos). Ejemplos: jaulas metálicas, cajas plásticas apilables, europalés reutilizables.

Con respecto a sus ventajas, destacan:

- Reducción del coste por uso.
- Menor impacto ambiental.
- Mayor resistencia.

Por otro lado, requieren:

- Gestión logística del retorno.
- Sistema de control y limpieza.

2.1.2 Embalajes de un solo uso

Se utilizan una única vez y suelen desecharse después de la entrega. Ejemplos: cajas de cartón, films, palés no reutilizables.

Sus ventajas son:

▼ Bajo coste inicial.

▼ Adecuados para transporte puntual o exportaciones donde no se prevé devolución.

No obstante, tienen algunos inconvenientes:

▼ Mayor generación de residuos.

▼ Menor resistencia estructural.

La decisión sobre qué tipo de embalaje o envase utilizar debe considerar:

1. **Naturaleza del producto**: frágil, perecedero, químico, a granel, peligroso...

2. **Peso y volumen**: ¿requiere un soporte estructural resistente?

3. **Condiciones de transporte**: ¿habrá cambios de temperatura, humedad, vibraciones?

4. **Tipo de manipulación**: manual, con carretilla, en línea automatizada.

5. **Normativa aplicable**: alimentación, farmacéutica, mercancías peligrosas, exportación.

6. **Sostenibilidad**: ¿es reciclable, reutilizable, compostable?

7. **Destino final**: cliente industrial, consumidor final, canal de distribución.

Ejemplo

Una empresa exportadora de maquinaria embala sus productos con protectores de espuma, los introduce en cajas de cartón reforzado y luego los paletiza en cajas de madera tratada conforme a la Norma ISPM-15. Cada unidad de carga es flejada y protegida con film retráctil, y lleva etiqueta de advertencia de "Producto frágil". Esta combinación garantiza que la carga llegue en óptimas condiciones incluso tras viajes intercontinentales.

La **reducción de residuos en embalaje** es una de las estrategias clave dentro de la logística sostenible y la economía circular. En los entornos industriales y comerciales, los embalajes representan un elevado porcentaje de los residuos generados, especialmente en operaciones de distribución, transporte y almacenamiento de mercancías. Su diseño, uso y gestión adecuados pueden suponer una diferencia significativa en el impacto ambiental de una empresa.

Reducir los residuos en embalaje no solo responde a exigencias normativas o éticas, sino que también conlleva ventajas económicas, operativas y de reputación corporativa.

Para lograr una reducción efectiva de residuos, se aplican los principios de las **3R**:

1. **Reducir:**

- Evitar el uso innecesario de materiales.
- Diseñar embalajes más ligeros y compactos.
- Eliminar capas superfluas o redundantes.

2. **Reutilizar:**
   - Incorporar embalajes retornables o multicliente.
   - Establecer sistemas de retorno, reacondicionamiento y lavado.

3. **Reciclar:**
   - Emplear materiales reciclados en la fabricación del embalaje.
   - Asegurar que el embalaje pueda separarse y reciclarse fácilmente.

A continuación, se describen técnicas y medidas para reducir residuos en embalaje:

Medida	Descripción	Beneficio principal
Diseño optimizado del embalaje	Uso de software de simulación o pruebas físicas para ajustar dimensiones y materiales al producto	Menor uso de materia prima y menor volumen
Unificación de formatos	Estandarizar tamaños y tipos de embalaje para facilitar el apilamiento y reutilización	Ahorro de espacio y menor consumo total
Uso de materiales biodegradables o reciclados	Sustitución de plásticos convencionales por bioplásticos, cartón reciclado, papel kraft, etc.	Menor impacto ambiental
Film estirable de bajo micraje	Aplicación de film más fino pero igual de resistente para envoltura de palets	Reducción de plástico por unidad embalada
Sistemas de embalaje "a medida"	Máquinas que ajustan automáticamente el volumen del embalaje al tamaño del producto	Eliminación de espacios vacíos y rellenos
Eliminación de embalajes secundarios innecesarios	Reducción de cajas dentro de cajas o de fundas adicionales	Disminución directa de residuos
Etiquetado eficiente y sostenible	Etiquetas impresas directamente sobre el embalaje o en materiales compostables	Ahorro de adhesivos, tintas y papel

Ejemplo

Una empresa de e-commerce detectó que muchos de sus productos se enviaban en cajas con relleno excesivo de papel y plástico. Tras rediseñar el sistema de embalaje con una máquina automática que ajusta el tamaño de la caja al producto, logró reducir un 35 % de volumen por envío, disminuyendo el consumo de materiales y mejorando la eficiencia del transporte.

En la Unión Europea y en España, las empresas están sujetas a una serie de obligaciones normativas relacionadas con la **gestión de residuos de envases**, entre las que destacan:

- ▸ **Ley 7/2022 de residuos y suelos contaminados para una economía circular**: obliga a prevenir la generación de residuos, establecer planes de prevención y responsabilizar al productor del embalaje.

- ▸ **Sistema Integrado de Gestión (SIG)**: las empresas envasadoras deben contribuir económicamente a la gestión de los residuos de sus envases (Ej.: Ecoembes).

- ▸ **Etiquetado ambiental**: obligación creciente de indicar en el envase si es reciclable, compostable o reutilizable.

Reducir residuos no significa comprometer la protección del producto. El embalaje debe seguir garantizando la integridad de la mercancía durante la manipulación, el transporte y el almacenamiento.

2.2 CONDICIONES DE LOS EMBALAJES PARA LA PROTECCIÓN DE LOS PRODUCTOS

La función principal del embalaje, más allá de su utilidad para agrupar o identificar productos, es **proteger las mercancías frente a daños físicos, químicos, biológicos o climáticos** durante las fases de manipulación, transporte y almacenamiento. Esta protección debe garantizarse **desde el origen hasta el destino final**, conservando la integridad, calidad y funcionalidad del producto.

Para cumplir con esta función, el embalaje debe reunir una serie de **condiciones técnicas**, que varían en función del tipo de producto, el medio de transporte utilizado, la duración del trayecto, las condiciones ambientales, la frecuencia de manipulación y los requisitos normativos.

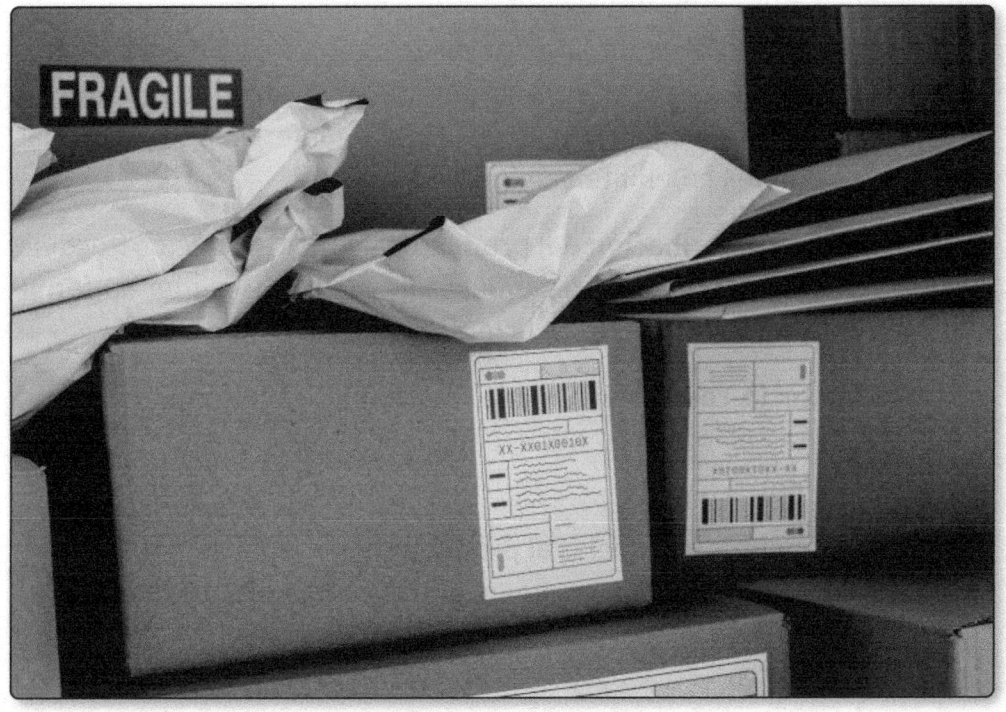

Un embalaje adecuado debe:

1. **Ser resistente a impactos y vibraciones**: el transporte y la manipulación pueden someter a los productos a sacudidas, caídas o aplastamientos. El embalaje debe absorber estos esfuerzos sin transferirlos al contenido.

2. **Evitar el contacto con la humedad y líquidos**: debe impedir que el agua, el vapor o productos químicos alteren las propiedades del contenido. Esto es especialmente importante en productos alimentarios, electrónicos, textiles o farmacéuticos.

3. **Ofrecer protección contra el polvo, la suciedad o contaminantes**: algunos productos, como los alimentarios, cosméticos o componentes mecánicos, deben estar completamente aislados de agentes externos durante su transporte y almacenaje.

4. **Aislar térmicamente si es necesario**: en el caso de productos sensibles a la temperatura (alimentos, medicamentos, productos químicos), el embalaje debe incorporar materiales o tecnologías que minimicen el intercambio térmico.

5. **Evitar la deformación del producto**: algunos productos (textiles, envases plásticos, piezas industriales) pueden perder su forma si el embalaje no es lo suficientemente rígido o estable.

6. **Resistir la compresión estática y dinámica**: el embalaje debe soportar el peso de otros embalajes apilados sin colapsar o deformarse.

7. **No transferir sustancias al producto**: el material del embalaje no debe liberar partículas, olores, tintas o compuestos que alteren el contenido (esto es obligatorio en alimentación, farmacia o cosmética).

La protección efectiva no depende solo del material del embalaje, sino de una **combinación de factores técnicos y operativos**. A continuación, se describen los más relevantes:

1. **Diseño estructural del embalaje:**

   - El diseño debe adaptarse al **tipo y forma del producto**, evitando espacios vacíos innecesarios.

   - Las esquinas y zonas frágiles deben **reforzarse** con cantoneras, espuma o celulosa moldeada.

   - En cargas apilables, el embalaje debe tener **superficies planas** y **resistencia a la compresión vertical**.

Ejemplo

Un electrodoméstico pequeño (como una batidora) se protege mediante una caja de cartón doble onda, con soportes interiores de espuma que lo fijan y evitan el movimiento interno. El embalaje permite apilar cinco unidades sin dañar el contenido.

---

2. **Adecuación al tipo de manipulación:**

   - Si se prevé una **manipulación automatizada**, el embalaje debe tener formas y dimensiones regulares, códigos legibles y estabilidad para desplazarse en cintas o brazos mecánicos.

   - Para la **manipulación manual**, debe tener un peso manejable (preferiblemente <25 kg) y asas ergonómicas si es posible.

3. **Compatibilidad con la unidad de carga:**

- El embalaje debe permitir una **paletización eficiente**, ocupando el mayor porcentaje posible de superficie útil sin sobresalir del palé.

- Debe facilitar su **agrupamiento estable** mediante film estirable, flejes o fundas termorretráctiles.

Existen numerosos elementos que se pueden añadir al embalaje para reforzar la protección de la mercancía:

Elemento de protección	Función principal
Film estirable o retráctil	Estabiliza la carga y la protege contra humedad y polvo
Espumas o rellenos interiores	Absorben impactos y fijan el contenido
Cantoneras y perfiles	Protegen esquinas, refuerzan la estructura
Separadores interiores	Evitan el contacto entre productos frágiles
Bolsas de sílice o secantes	Previenen la acumulación de humedad en el interior
Fundas isotérmicas	Mantienen la temperatura estable

En determinados sectores o para ciertos productos, el embalaje debe cumplir **requisitos legales específicos**. Algunas de las más relevantes son:

- **Norma ISPM-15**: obligatoria para embalajes de madera en exportaciones internacionales (impide la propagación de plagas).

▸ **Reglamento CLP** (Reglamento (CE) nº 1272/2008): exige un embalaje específico para mercancías peligrosas (etiquetado, resistencia, absorción).

▸ **Reglamento CE 1935/2004**: regula los materiales en contacto con alimentos.

▸ **UNE-EN 22248**: ensayo de caídas para evaluar la resistencia de los embalajes durante el transporte.

▸ **ASTM D4169**: protocolo de pruebas para embalajes de transporte en condiciones reales.

Algunas buenas prácticas para garantizar la protección son las siguientes:

▸ **Probar el embalaje antes de la distribución real**, simulando vibraciones, impactos y apilamientos.

▸ **Evitar dejar espacios vacíos en el interior** que permitan el desplazamiento del producto.

▸ **Etiquetar adecuadamente** con símbolos de manipulación: "Frágil", "Este lado arriba", "No apilar", etc.

▸ **Formar al personal logístico** para identificar embalajes deteriorados o inadecuados antes de la expedición.

ⓘ NOTA

Un embalaje que no cumple su función de protección no solo daña el producto, sino también la reputación de la empresa. La inversión en embalaje protector se traduce directamente en menos devoluciones, menor desperdicio y mayor satisfacción del cliente.

2.3 CONDICIONES DE LOS EMBALAJES PARA EL TRANSPORTE SEGURO DE LOS PRODUCTOS

El transporte es una de las etapas más críticas del proceso logístico, donde las mercancías se enfrentan a múltiples **riesgos físicos, ambientales y operativos**. Para que los productos lleguen a su destino en condiciones óptimas, es fundamental que el **embalaje esté diseñado para soportar las exigencias específicas del transporte**, ya sea por carretera, ferrocarril, aire o mar.

No basta con proteger el contenido en condiciones estáticas de almacenaje: el embalaje debe comportarse de forma **segura y estable ante aceleraciones, frenazos, vibraciones, humedad, temperaturas extremas, apilamientos prolongados, inclinaciones, choques o manipulaciones repetidas**.

Para ser considerado apto para transporte, un embalaje debe cumplir las siguientes **condiciones básicas**:

1. **Resistencia estructural suficiente**: el embalaje debe soportar el peso de otras unidades colocadas encima durante el apilamiento, así como resistir la presión ejercida por los sistemas de sujeción (flejes, film, barras) sin deformarse ni ceder.

2. **Estabilidad de la carga**: debe permitir una paletización compacta y segura, sin desplazamientos internos ni sobresalientes que comprometan el equilibrio. El centro de gravedad debe estar lo más bajo posible.

3. **Compatibilidad con el medio de transporte**: cada tipo de transporte impone exigencias distintas:

   - **Carretera**: vibraciones constantes, frenadas, cambios de temperatura.

   - **Marítimo**: humedad alta, salinidad, largos periodos en tránsito.

   - **Aéreo**: bajas presiones, limitaciones de peso, manipulación intensiva.

   - **Ferroviario**: movimientos laterales, sacudidas en los enganches.

4. **Protección frente a condiciones ambientales**: el embalaje debe evitar la entrada de agua, polvo o contaminantes. En algunos casos, deberá tener propiedades ignífugas, aislantes o anticorrosión.

5. **Facilidad de manipulación y trazabilidad**: debe incluir asas, zonas de agarre, o estar adaptado al uso de carretillas. Además, debe llevar etiquetas con **información clara, duradera y legible** (producto, número de lote, peso, destino, símbolos de manipulación, etc.).

Existen diversos **estándares internacionales** que permiten verificar si un embalaje cumple con los requisitos para transporte. Algunas normas y ensayos comunes son:

Norma / ensayo	Aplicación	¿Qué verifica?
UNE-EN 22248	Transporte terrestre	Resistencia a caídas y apilamiento
ASTM D4169	Multimodal	Simulación de vibraciones, humedad, presión
ISO 4180	General	Procedimiento de evaluación para embalajes industriales
Reglamento ADR	Transporte de mercancías peligrosas por carretera	Requiere envases homologados según tipo de riesgo

ⓘ IMPORTANTE

Si la mercancía es considerada peligrosa (química, inflamable, biológica...), el embalaje debe estar homologado y etiquetado según la normativa ADR, IATA o IMDG, dependiendo del medio de transporte.

A continuación, se indican algunas prácticas esenciales para asegurar que el embalaje proteja eficazmente los productos durante su transporte:

1. **Seleccionar materiales resistentes al entorno esperado:**

   - Plástico o metal para ambientes húmedos.

   - Cartón tratado o film retráctil para zonas con polvo o contaminación.

   - Embalaje isotérmico si hay riesgo térmico.

2. **Evitar embalajes deformables o inestables**: un embalaje débil o con deformaciones puede provocar **deslizamientos, vuelcos o aplastamientos** durante el tránsito.

3. **Usar sistemas de sujeción adecuados:**

   - **Film estirable** para agrupar y compactar la unidad de carga.

   - **Flejes plásticos o metálicos** para fijar la mercancía al palé.

   - **Redes o fundas retráctiles** para cargas irregulares o de gran volumen.

4. **Minimizar el movimiento interno**: la mercancía debe estar **ajustada al volumen del embalaje** con protecciones interiores (espumas, separadores, rellenos) que eviten desplazamientos y choques.

5. **Evitar sobresalientes en la unidad de carga**: la mercancía debe ajustarse **al perímetro del palé** para facilitar su manipulación y evitar enganches durante el transporte.

6. **Etiquetar correctamente cada unidad de carga**: incluir símbolos universales de manipulación (UNE ISO 780), código de barras o QR, y cualquier instrucción necesaria como:

   - "Frágil".
   - "Este lado arriba".
   - "No apilar".
   - "Mantener seco".
   - "Producto perecedero".

Ejemplo

Una empresa que envía equipos electrónicos frágiles por transporte marítimo protege cada producto con espuma de alta densidad, los introduce en cajas de cartón doble canal, y agrupa las cajas sobre palés con cantoneras reforzadas. El conjunto se envuelve con film retráctil y se etiqueta con "Frágil" y "No apilar". Además, se coloca una funda protectora impermeable debido a la humedad del contenedor marítimo.

Antes de proceder al transporte, es fundamental **verificar que el embalaje cumple con todos los requisitos**. Se recomienda incluir en los procedimientos logísticos:

- **Checklist de inspección visual** del embalaje (estado, integridad, fijación).

- **Control de peso y dimensiones** para evitar sobrecargas o incompatibilidades.

- **Ensayos internos de vibración o compresión**, si se trata de productos sensibles.

- **Supervisión documental**, asegurando que las etiquetas y símbolos están correctamente visibles.

2.4 TIPOS DE PALETIZACIONES. APLICACIONES SEGÚN TIPOS DE MERCANCÍAS

La **paletización** es el proceso mediante el cual se agrupan productos sobre un soporte (generalmente un **palé**) para formar una **unidad de carga compacta, estable y manejable**. Este sistema facilita enormemente las operaciones de carga, descarga, almacenamiento y transporte mediante el uso de equipos mecánicos como **carretillas elevadoras** o **transpaletas**.

Un sistema de paletización bien diseñado permite **maximizar el uso del espacio**, minimizar los tiempos de manipulación y reducir los riesgos de daños en los productos. Sin embargo, no todas las mercancías pueden paletizarse del mismo modo. La forma, el peso, la fragilidad o el destino del producto condicionan el **tipo de paletización más adecuado**.

Antes de elegir una técnica de paletización, deben considerarse los siguientes aspectos:

- **Tipo de producto**: si es apilable, frágil, a granel, envasado, líquido, etc.
- **Forma del envase o embalaje**: cúbica, cilíndrica, irregular.
- **Peso total y distribución de la carga**.
- **Estabilidad requerida durante el transporte o almacenamiento**.
- **Condiciones ambientales** (humedad, temperatura, vibraciones).
- **Requisitos normativos** (por ejemplo, en exportación o productos alimentarios).

Los principales tipos de paletización son.

2.4.1 Paletización homogénea

Todos los productos son del mismo tipo, tamaño y forma. Es la forma más eficiente y estable de paletizar, ya que permite aprovechar al máximo la superficie y altura del palé.

Se usa para cajas de cartón estándar, botellas en packs, productos alimentarios envasados...

Sus ventajas son:

- Fácil de automatizar.
- Mayor estabilidad de la carga.
- Optimiza el espacio de almacenamiento.

Ejemplo

Un almacén de bebidas organiza palés con 48 cajas idénticas de botellas, dispuestas en 6 capas de 8 cajas cada una. La carga se estabiliza con film estirable.

2.4.2 Paletización heterogénea

Incluye productos de diferentes tamaños, formas o referencias agrupados en un mismo palé. Es común en pedidos mixtos o entregas personalizadas.

Suele utilizarse en la distribución a puntos de venta, preparación de pedidos para supermercados, ecommerce.

La principal ventaja es la flexibilidad para pedidos pequeños o variados.

Por su parte, tiene algunos inconvenientes:

▼ Requiere planificación específica para mantener la estabilidad.

▼ Más compleja de automatizar.

Ejemplo

Un pedido de un supermercado agrupa en un solo palé cajas de galletas, botellas de aceite y bolsas de harina. Los productos más pesados se colocan en la base, y los más frágiles o ligeros en la parte superior.

2.4.3 Paletización por capas cruzadas (entrelazada)

Las cajas o elementos se colocan en cada capa girados respecto a la anterior (por ejemplo, alternando 90°). Esto mejora la **estabilidad horizontal** del conjunto, especialmente si el embalaje es liso o resbaladizo.

Suele utilizarse con productos industriales, cajas de medicamentos, electrónica...

Sus principales ventajas son:

▼ Evita deslizamientos entre capas.

▼ Aumenta la resistencia al vuelco.

Por otro lado, tiene como inconveniente que puede dificultar el aprovechamiento total del espacio si los productos no encajan perfectamente.

2.4.4 Paletización columnar o en pila

Las cajas se apilan verticalmente una sobre otra sin desplazamientos ni alternancia. Es adecuada para productos de **forma regular y alta resistencia a la compresión**.

Se usa con papel en resmas, sacos, cajas rígidas.

Como ventajas, destacan:

▸ Mayor aprovechamiento del espacio vertical.

▸ Fácil conteo y trazabilidad.

No obstante, tiene menor estabilidad lateral, por lo que requiere sujeción con film o flejes.

2.4.5 Paletización en espiga o trenzada

Se utiliza en productos cilíndricos o sacos para formar una estructura más compacta. Cada capa se monta desplazando ligeramente los productos respecto a la anterior, formando una especie de "trenza" o espiga.

Se utiliza con sacos de harina, pellets, cemento, botellas sueltas, etc.

Tiene como ventajas las siguientes:

- Excelente estabilidad sin deformación.
- Buena distribución de cargas.

2.4.6 Paletización en bloque o a granel

Los productos se agrupan sin embalaje adicional sobre el palé, formando un bloque compacto (pueden estar sueltos o envasados en grandes cantidades). Se usa para productos de bajo valor o manipulación interna.

Su aplicación típica es con frutas, cajas retornables o productos agrícolas.

Como ventajas, destacan:

- Rápida preparación de carga.
- Bajo coste de embalaje.

Por último, tiene los siguientes inconvenientes:

- Requiere filmado reforzado o jaula para evitar desplazamientos.
- Riesgo de deformación si no está bien nivelado.

Dependiendo del número, forma y tamaño de los bultos, pueden emplearse **patrones de colocación** distintos. Los más comunes son:

Patrón	Disposición	Aplicación
En cruz	Capas alternadas 90°	Mejora la estabilidad lateral
En columna	Cajas alineadas verticalmente	Optimiza el espacio
En espiga	Disposición en ángulo entre capas	Ideal para sacos o cilindros
Mixta	Combinación cruz + columna	Equilibrio entre espacio y estabilidad

Algunas buenas prácticas en paletización son:

1. **Colocar la carga más pesada en la base** y la más ligera en la parte superior.

2. **Evitar sobresalientes** que puedan engancharse o dañar otros palés.

3. **Distribuir la carga uniformemente** sobre el palé.

4. **Usar cantoneras, flejes o film estirable** para estabilizar la unidad de carga.

5. **Etiquetar siempre en el lado visible**, incluyendo símbolos de manipulación si corresponde.

6. **Verificar la capacidad de carga máxima del palé** y respetar los límites recomendados por el fabricante.

ⓘ **IMPORTANTE**

Una paletización incorrecta compromete la seguridad de los trabajadores y la integridad del producto y puede causar vuelcos durante la elevación o el transporte, dañar la estantería o dificultar la trazabilidad de la mercancía.

2.5 CONDICIONES QUE DEBEN CUMPLIR LAS UNIDADES DE CARGA

Las **unidades de carga** son el resultado de agrupar productos sobre un soporte común (generalmente un **palé**) con el fin de facilitar su **almacenamiento, manipulación y transporte** como si fueran un solo conjunto. Para que estas unidades sean realmente funcionales y seguras, deben cumplir con una serie de **condiciones técnicas y operativas** que garanticen su **estabilidad, resistencia, trazabilidad y compatibilidad** con los equipos y sistemas logísticos.

Una unidad de carga mal configurada puede dar lugar a problemas graves como **vuelcos**, **roturas de producto**, **accidentes laborales**, **ineficiencia logística** y **costes añadidos** por devolución, reprocesos o pérdidas. Por tanto, diseñar correctamente las unidades de carga es una responsabilidad dentro de la cadena de suministro.

Para ser considerada segura y eficiente, una unidad de carga debe cumplir con las siguientes **condiciones básicas**:

1. **Estabilidad estructural**: la carga debe estar bien agrupada, sin posibilidad de desplazamiento o deformación durante la manipulación, el transporte o el almacenamiento. La carga debe quedar **alineada con la base del palé** y no sobresalir lateralmente.

2. **Resistencia mecánica**: la unidad debe poder **soportar su propio peso más el de otras cargas apiladas** sobre ella (cuando proceda), sin colapsar ni deteriorarse.

3. **Compatibilidad dimensional con palés y equipos**: las dimensiones de la carga deben **ajustarse al perímetro del palé** y ser adecuadas para el uso de carretillas, estanterías o contenedores. Se deben respetar los formatos normalizados: 1200 x 800 mm (palé europeo), 1200 x 1000 mm (palé industrial), etc.

4. **Facilidad de manipulación**: la unidad debe ser accesible para su recogida por carretilla o transpaleta, sin obstrucciones, ni riesgo de caída. Debe ser transportable **sin desequilibrio** ni necesidad de maniobras excesivas.

5. **Protección del contenido**: debe incorporar **elementos de protección** contra impactos, humedad, vibraciones y otros agentes externos. Puede incluir cantoneras, separadores interiores, film estirable, fundas plásticas o jaulas metálicas.

6. **Correcta identificación y trazabilidad**: cada unidad de carga debe estar **etiquetada** de forma visible y duradera, incluyendo información como el contenido, destino, código de lote, símbolo de manipulación, peso bruto, etc.

7. **Cumplimiento normativo**: en función del tipo de producto o destino, la unidad de carga debe cumplir **requisitos legales específicos** (por ejemplo, para mercancías peligrosas, productos alimentarios o exportación internacional).

A continuación, se detallan algunos de los **parámetros técnicos más importantes** para verificar que una unidad de carga cumple con los requisitos exigidos:

Parámetro	Requisito recomendado
Altura máxima	No suele superar los **1.600 mm**, salvo cargas especiales
Peso máximo	Dependerá del palé y de la carretilla usada, pero comúnmente ≤ 1.200 kg
Estabilidad	Centro de gravedad bajo y carga alineada verticalmente
Ajuste al palé	Sin sobresalientes; se recomienda al menos **1 cm de margen**
Filmado o sujeción	Toda la carga debe estar **filmada, flejada o encajada**
Accesibilidad	Debe permitir **entrada por 2 o 4 lados** con la carretilla

La naturaleza de la mercancía puede exigir **condiciones adicionales** para la unidad de carga:

1. **Productos refrigerados o congelados:**

   - Uso de **palés plásticos o tratados** que resistan bajas temperaturas.

- Protección térmica mediante fundas aislantes o cajas isotérmicas.

- Materiales de embalaje resistentes a la humedad.

2. **Mercancías peligrosas:**

    - Embalaje **homologado** y unidad de carga **con etiquetas ADR**.
    - Palés sin elementos metálicos que puedan provocar chispas.
    - Posicionamiento estable para evitar derrames.

3. **Productos perecederos o alimentarios:**

    - Palés limpios y en buen estado (preferiblemente plásticos o tratados).
    - Protección contra contaminación externa.
    - Etiquetado claro con fecha de caducidad y número de lote.

4. **Productos electrónicos o frágiles:**

    - Aislamiento contra impactos con **espumas interiores o separadores**.
    - Uso de film con propiedades antiestáticas si es necesario.
    - Instrucciones claras de manipulación: "Frágil", "No apilar".

Ejemplo

Una empresa de exportación de piezas mecánicas agrupa en un palé 24 cajas de metal que pesan en total 950 kg. Las cajas están dispuestas en 4 capas de 6 unidades, alineadas con el borde del palé. Se añaden cantoneras de refuerzo en las esquinas, la carga se fleja con cintas metálicas y se recubre con film estirable. La unidad de carga se etiqueta con el código de pedido, destino, peso total y símbolo de "Manipular con carretilla". El conjunto cumple con las dimensiones ISO para contenedores marítimos.

Algunas buenas prácticas en la formación de unidades de carga son las siguientes:

- **Equilibrar la carga** para evitar desplazamientos durante la manipulación.

- **Evitar espacios vacíos** dentro del embalaje o entre productos.

- **Comprobar la resistencia del palé** antes de su uso.

- **Verificar que el film estirable esté correctamente aplicado** en todas las capas.

- **Inspeccionar visualmente** cada unidad antes de su expedición.

ⓘ NOTA

Las unidades de carga deben considerarse como "estructuras móviles" dentro de la cadena logística. Cualquier fallo en su configuración o fijación puede comprometer la seguridad del almacén, dañar mercancías adyacentes o generar accidentes durante el transporte.

2.6 PRECAUCIONES Y MEDIDAS A ADOPTAR CON CARGAS PELIGROSAS

La manipulación, embalaje, paletización y transporte de **cargas peligrosas** requiere una atención especial, ya que estos productos pueden representar un **riesgo para la salud humana, la seguridad de los trabajadores, las instalaciones y el medio ambiente**. Por ello, están sujetos a una **regulación estricta y específica**, tanto a nivel nacional como internacional, que afecta a todos los agentes implicados: fabricantes, operadores logísticos, transportistas, manipuladores y responsables de almacén.

Las mercancías peligrosas incluyen sustancias **tóxicas, inflamables, explosivas, corrosivas, radiactivas, oxidantes o biológicamente activas**, entre otras. Estas se clasifican según estándares internacionales como el **ADR (Acuerdo europeo sobre transporte de mercancías peligrosas por carretera), IMDG (para transporte marítimo), IATA (para transporte aéreo)** o **RID (por ferrocarril).**

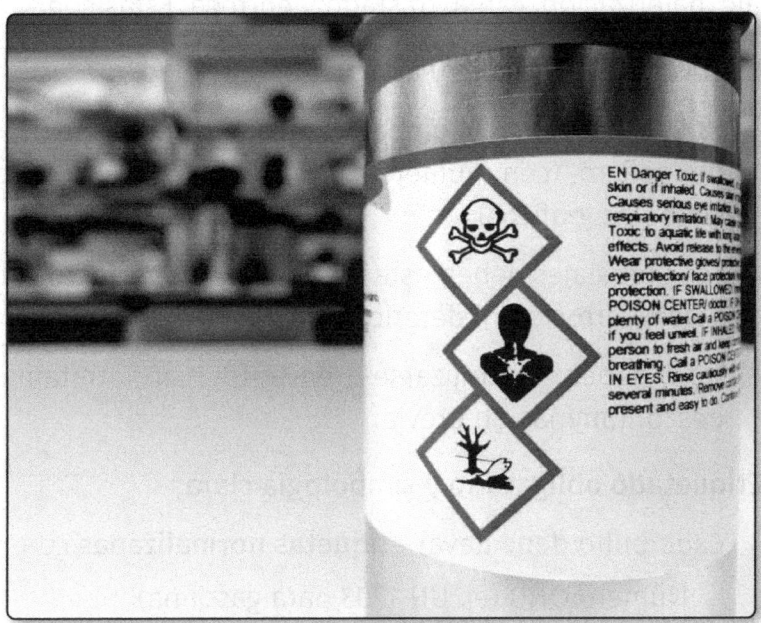

Clase	Tipo de sustancia	Ejemplo
1	Explosivos	Fuegos artificiales, munición
2	Gases	Propano, butano, oxígeno comprimido
3	Líquidos inflamables	Gasolina, disolventes
4	Sólidos inflamables	Fósforo, azufre
5	Sustancias comburentes y peróxidos	Nitratos, peróxidos orgánicos
6	Sustancias tóxicas e infecciosas	Cianuros, bacterias patógenas
7	Materiales radiactivos	Uranio, isótopos médicos
8	Sustancias corrosivas	Ácidos, lejías
9	Sustancias y objetos peligrosos varios	Pilas de litio, amianto

Para garantizar la seguridad durante la manipulación y el transporte de cargas peligrosas, deben adoptarse **medidas específicas de prevención**, que se aplican en todas las fases logísticas: recepción, almacenaje, paletización, carga, traslado y entrega. Estas son:

1. **Embalaje homologado y adecuado:**

   - Utilizar **envases y embalajes certificados** según la clase de peligro (con número ONU, homologación específica y símbolos gráficos).

   - Los embalajes deben estar **sellados y en perfecto estado**, sin fugas, corrosión ni deterioro estructural.

   - No deben reutilizarse envases sin tratamiento o descontaminación previa.

2. **Etiquetado obligatorio y simbología clara:**

   - Cada bulto debe llevar **etiquetas normalizadas** con:
     - Número ONU (ej. UN 1203 para gasolina).
     - Pictograma de peligro (flama, calavera, corrosivo, etc.).
     - Nombre técnico de la sustancia.
     - Información del remitente y destinatario.

Ejemplo

Un bidón de ácido clorhídrico debe llevar el pictograma de sustancia corrosiva (clase 8), el número UN 1789, el símbolo de manipulación con guantes y el nombre del proveedor.

---

3. **Paletización segura y estable:**

- Agrupar productos peligrosos del mismo tipo; **no mezclar clases incompatibles**.

- **Refuerzos adicionales**: cantoneras, film reforzado, flejes resistentes, bandejas antiderrame.

- **Evitar apilamientos inestables** que puedan provocar caídas o vuelcos.

4. **Almacenamiento con medidas especiales:**

- Zonas delimitadas y señalizadas como **"Área de productos peligrosos"**.

- Uso de **cubetos de retención** para productos líquidos.

- Separación entre productos incompatibles según sus clases (ej. oxidantes y combustibles).

- Ventilación y control de temperatura cuando sea necesario.

5. **Manipulación con equipos de protección individual (EPI):**

El personal que manipula cargas peligrosas debe usar obligatoriamente:

- Guantes resistentes a químicos o calor.

- Gafas de seguridad o pantalla facial.

- Ropa impermeable o ignífuga.

- Mascarillas con filtros adecuados, si existe riesgo de vapores tóxicos.

- Calzado de seguridad con suela antideslizante.

El transporte de mercancías peligrosas está sujeto a una normativa exigente que incluye:

▸ **Vehículos autorizados y señalizados**: con paneles naranjas, placas ADR y dispositivos de emergencia.

▸ **Documentación obligatoria**:
  - Carta de porte ADR.
  - Ficha de datos de seguridad (FDS).
  - Instrucciones escritas para el conductor.

▸ **Conductor formado en ADR**: con carnet específico y formación sobre actuación en emergencias.

▸ **Equipos a bordo**: extintor, chaleco reflectante, linterna, guantes, gafas y absorbente químico.

La **omisión del etiquetado, embalaje incorrecto o mezcla de productos incompatibles** puede suponer multas, inhabilitaciones e incluso consecuencias penales en caso de accidente.

Ejemplo

Una empresa de limpieza industrial envía un lote de bidones de hipoclorito sódico (sustancia corrosiva, clase 8). Para ello, utiliza bidones homologados UN sobre palés plásticos con cubeto. Los palés se envuelven con film estirable y llevan etiquetas de clase 8, número UN 1791 y advertencias de manipulación. El envío incluye la ficha de seguridad y es transportado por un conductor con certificado ADR, en un camión señalizado y equipado según normativa.

2.7 AUTOEVALUACIÓN DE LA SECCIÓN

Piensa en dos productos distintos: uno frágil (como una botella de cristal) y uno robusto (como una caja de herramientas). Describe qué tipo de embalaje exterior e interior utilizarías para cada uno, y justifica tu elección en función de la protección, el transporte y el coste.

Durante el transporte de una carga de dispositivos electrónicos, se observa que varias unidades han llegado con daños visibles. Al revisar el embalaje, se descubre que solo estaban envueltos con film plástico sin protección interior. Analiza qué errores se han cometido en la elección del embalaje y qué consecuencias pueden derivarse de esta mala práctica. Propón mejoras concretas.

Una empresa de distribución recibe un pedido urgente de productos alimentarios en cajas rectangulares. Cada caja pesa 15 kg y debe enviarse en palés europeos de 1.200 x 800 mm. Explica cómo organizarías la paletización para maximizar la estabilidad, evitar el sobrepeso y facilitar la manipulación. ¿Qué tipo de apilado usarías y por qué?

Enumera al menos cuatro condiciones que deben cumplir los embalajes y unidades de carga para considerarse seguras durante el transporte. Para cada una, explica brevemente qué podría suceder si no se cumple.

Reflexiona sobre la siguiente afirmación: "Las cargas peligrosas requieren un tratamiento especial tanto en su embalaje como en su identificación." ¿Estás de acuerdo? ¿Qué características particulares deben reunir los embalajes para este tipo de mercancías? ¿Qué errores comunes se deben evitar?

Diferencia, con tus propias palabras, los objetivos del embalaje en cuanto a la protección del producto frente a la seguridad durante el transporte. ¿Se pueden utilizar los mismos materiales en ambos casos? Justifica tu respuesta con ejemplos.

Durante una inspección de almacén, detectas varios palés con cajas que sobresalen por los lados y presentan inclinación hacia uno de los bordes. Además, no están filmados. Describe los riesgos asociados a esta práctica y las consecuencias que puede tener tanto para los operarios como para la integridad del producto. ¿Qué medidas inmediatas tomarías?

3

Carretillas para el transporte de mercancías

Las **carretillas para el transporte de mercancías** son herramientas fundamentales en los procesos logísticos modernos. Su uso se ha generalizado en todo tipo de instalaciones industriales, comerciales y de distribución debido a su capacidad para **agilizar el movimiento de cargas, reducir el esfuerzo físico del personal** y **mejorar la eficiencia operativa**. Estas máquinas permiten trasladar mercancías de forma rápida, segura y precisa, facilitando las operaciones de carga, descarga, almacenamiento y preparación de pedidos.

El uso de carretillas elevadoras, manuales o automotoras, ha transformado radicalmente la manera en que se gestionan los espacios logísticos, permitiendo una **mayor densidad de almacenamiento**, una **mejor organización del inventario** y una notable **reducción de los tiempos de manipulación**. En consecuencia, han pasado a ser un elemento estratégico para las empresas que buscan mejorar su competitividad y adaptarse a entornos productivos cada vez más exigentes.

No obstante, el empleo de carretillas también entraña **riesgos operativos y responsabilidades técnicas**. Un uso inadecuado, una selección incorrecta del tipo de carretilla o un mantenimiento deficiente pueden dar lugar a accidentes laborales, daños en la mercancía o deterioro de las instalaciones. Por ello, resulta imprescindible conocer en profundidad **los tipos de carretillas disponibles**, sus características técnicas, condiciones de uso y sistemas de seguridad, así como las obligaciones legales asociadas a su manejo.

3.1 CLASIFICACIÓN, TIPOS Y USOS DE LAS CARRETILLAS; MANUALES Y AUTOMOTORAS: MOTORES TÉRMICOS, MOTORES ELÉCTRICOS

Las **carretillas** son vehículos o herramientas indispensables en el transporte interno de mercancías, utilizadas para mover, elevar, apilar o colocar cargas en almacenes, fábricas, centros logísticos o zonas de carga y descarga. Su incorporación a los procesos logísticos permite **reducir el esfuerzo físico de los trabajadores, acelerar las operaciones** y **minimizar los riesgos derivados de la manipulación manual de cargas**.

Existen múltiples tipos de carretillas, y su elección dependerá de factores como el **peso y volumen de la carga**, la **distancia a recorrer**, el **entorno de trabajo** (interior o exterior), o la **frecuencia de uso**. En términos generales, se clasifican en **carretillas manuales** y **carretillas automotoras**, siendo estas últimas las que ofrecen mayores prestaciones técnicas y operativas.

3.1.1 Carretillas manuales

Las carretillas manuales son aquellas que **funcionan únicamente mediante la fuerza física del operario**, sin motores ni mecanismos de elevación automatizados. Están destinadas a tareas sencillas, con cargas ligeras y desplazamientos cortos.

Entre los modelos más comunes se encuentran:

- La **carretilla de mano**, que se utiliza para el transporte de bultos individuales como cajas, sacos o botellas.

- La **transpaleta manual**, diseñada específicamente para el movimiento de palés a nivel del suelo, con una capacidad de carga que puede alcanzar hasta los 2.500 kg en algunos modelos.

Este tipo de carretillas destaca por su **bajo coste**, su **facilidad de uso** y el **mínimo mantenimiento** requerido. Sin embargo, su rendimiento es limitado, ya que no permiten realizar operaciones en altura ni mover grandes volúmenes sin un importante esfuerzo físico por parte del trabajador.

3.1.2 Carretillas automotoras

Las carretillas automotoras incorporan un **sistema de propulsión propio**, lo que permite **desplazarse y elevar cargas sin necesidad de esfuerzo físico directo del operario**. Se utilizan en todo tipo de instalaciones industriales y logísticas, especialmente donde se trabaja con cargas pesadas, se realizan maniobras complejas o se requiere apilar mercancías en altura.

Según el tipo de energía que utilizan, las carretillas automotoras se dividen principalmente en dos grandes grupos: **carretillas con motor térmico** y **carretillas con motor eléctrico**.

a) **Carretillas con motor térmico:**

Estas carretillas funcionan mediante **combustibles como gasóleo, gasolina o gas licuado del petróleo (GLP)**. Su principal ventaja es su **elevada potencia y autonomía**, lo que las convierte en la mejor opción para **trabajos al aire libre**, como patios de carga, obras, zonas de recepción o entornos con grandes superficies.

Debido a su motor de combustión, **no son recomendables en interiores cerrados**, ya que emiten gases y partículas que pueden afectar a la salud del personal y al cumplimiento de normativas medioambientales.

Suelen utilizarse para mover cargas de gran volumen o peso, incluso en condiciones climatológicas adversas, y permiten tiempos de trabajo prolongados sin interrupciones, gracias a la rapidez de repostaje.

b) **Carretillas con motor eléctrico:**

Las carretillas eléctricas funcionan mediante **baterías recargables**, generalmente de plomo-ácido o litio. Estas máquinas son ideales para **trabajos en interiores**, como almacenes, cámaras frigoríficas o centros de distribución, ya que **no emiten gases contaminantes** y operan con un **nivel de ruido muy bajo**.

Son especialmente apropiadas en sectores donde la higiene y la limpieza son esenciales, como en la **industria alimentaria, farmacéutica o cosmética**. Aunque su **autonomía es limitada** en comparación con las térmicas, su **coste operativo es mucho más bajo**, ya que la electricidad resulta más económica que los combustibles fósiles y requieren menos mantenimiento mecánico.

Eso sí, es necesario disponer de un **espacio habilitado para la recarga de baterías** y planificar los tiempos de recarga para no interrumpir el flujo de trabajo.

A continuación, se presenta una tabla que resume las diferencias fundamentales entre ambos tipos de carretillas automotoras:

Criterio	Carretillas con motor térmico	Carretillas con motor eléctrico
Uso recomendado	Exteriores o zonas ventiladas	Interiores o entornos con requisitos de limpieza y bajo ruido
Emisiones	Emisión de gases contaminantes (CO_2, NOx)	Sin emisiones en el punto de uso
Nivel de ruido	Alto	Bajo
Autonomía	Alta; repostaje rápido	Limitada por la batería; requiere planificación
Coste operativo	Mayor (combustible y mantenimiento)	Menor (electricidad y menor desgaste mecánico)
Mantenimiento	Frecuente (motor, filtros, aceites)	Reducido (menos piezas móviles)
Inversión inicial	Menor	Superior (por las baterías y cargadores)

Dentro del amplio catálogo de carretillas automotoras, existen modelos diseñados para tareas específicas:

▸ Las **carretillas retráctiles** permiten trabajar en pasillos estrechos y alcanzar grandes alturas gracias a un mástil que se recoge hacia el cuerpo de la máquina.

▸ Los **apiladores eléctricos**, más compactos, son ideales para cargas medianas que deben elevarse a poca altura.

▸ Las **carretillas trilaterales y bilaterales** se usan en almacenes de alta densidad, donde las estanterías compactas obligan a trabajar con una precisión extrema.

▸ Las **carretillas todoterreno** disponen de ruedas sobredimensionadas y suspensiones reforzadas, por lo que pueden operar en terrenos irregulares, como obras o zonas rurales.

Por ejemplo, en un **almacén farmacéutico**, se utilizarán transpaletas eléctricas para el picking y carretillas retráctiles para el apilamiento de productos en estanterías altas. En una **obra de construcción**, en cambio, lo más adecuado serán carretillas con motor diésel para mover palés de materiales pesados en superficies irregulares. Mientras tanto, en un **supermercado**, se preferirá el uso de transpaletas manuales o apiladores eléctricos para tareas en pasillos estrechos y con cargas ligeras.

En los últimos años, el sector logístico ha experimentado un notable avance gracias a la incorporación de **carretillas autónomas y vehículos guiados automáticamente (AGVs, por sus siglas en inglés: *Automated Guided Vehicles*)**. Estos dispositivos están diseñados para **transportar mercancías sin intervención humana directa**, siguiendo rutas predefinidas o adaptativas dentro de instalaciones como almacenes, centros de distribución o plantas industriales.

Este tipo de soluciones tecnológicas forma parte de la **automatización logística**, clave en los entornos de producción modernos que buscan incrementar la eficiencia, seguridad y trazabilidad de los procesos.

Los AGVs pueden diferenciarse en función del método que utilizan para orientarse y desplazarse:

Sistema de guiado	Descripción	Aplicación habitual
Por hilo magnético	Un cable enterrado en el suelo emite una señal que el AGV sigue	Rutas fijas y estables (almacenes tradicionales)
Por cinta o línea óptica	Siguen una línea pintada o adherida al suelo con sensores ópticos	Entornos industriales con cambios puntuales
Por navegación láser	Utiliza reflectores en el entorno y un sistema láser para calcular la posición	Alta precisión y flexibilidad en trayectos
Por SLAM o visión artificial	Sistemas avanzados con cámaras y sensores que permiten construir un mapa del entorno en tiempo real	Entornos complejos, dinámicos o mixtos

El uso de AGVs aporta una serie de beneficios respecto a las carretillas tradicionales conducidas por operarios:

- ▼ **Reducción de errores humanos**: eliminan accidentes por distracción o mal manejo.

- ▼ **Aumento de la productividad**: funcionan de forma continua, incluso en turnos nocturnos o festivos.

- ▼ **Optimización del espacio**: se adaptan a rutas estrechas y permiten rediseñar almacenes con mayor eficiencia.

- ▼ **Integración con sistemas digitales**: se sincronizan con software de gestión (SGA/ERP), lo que permite trazabilidad y control automático.

- ▼ **Ahorro en costes operativos a largo plazo**: aunque su inversión inicial es elevada, su mantenimiento es inferior al de equipos convencionales.

A pesar de sus ventajas, es importante tener en cuenta algunas limitaciones:

- ▼ **Alto coste inicial**: su adquisición, instalación y configuración requiere una inversión considerable.

- ▼ **Requieren entorno controlado**: pueden tener dificultades en zonas con alta variabilidad o condiciones no estructuradas.

- ▼ **Dependencia tecnológica**: su correcto funcionamiento exige conectividad estable, mantenimiento informático y personal cualificado.

Ejemplo

Una empresa del sector farmacéutico utiliza AGVs con navegación láser para el transporte interno de palets desde el área de recepción hasta el área de almacenamiento automático. Estos vehículos funcionan en turnos de 24 horas sin intervención humana, integrados con el sistema ERP de la empresa. Al detectarse un pedido, el AGV recoge el producto requerido y lo lleva directamente al muelle de carga, reduciendo los tiempos y mejorando la trazabilidad del lote.

La implantación de AGVs debe ir acompañada de un rediseño logístico, formación del personal de mantenimiento y actualizaciones periódicas del software de navegación. No son una sustitución inmediata de las carretillas convencionales, sino una solución complementaria en almacenes con alto volumen de trabajo y procesos repetitivos.

3.2 ELEMENTOS PRINCIPALES DE LOS DISTINTOS TIPOS DE CARRETILLAS

Las carretillas, tanto manuales como automotoras, están compuestas por un conjunto de **elementos estructurales y funcionales** que les permiten realizar con eficacia y seguridad las tareas de transporte y manipulación de mercancías. Aunque la configuración concreta varía en función del tipo de carretilla (manual, eléctrica, térmica, retráctil, etc.), existen una serie de **componentes fundamentales comunes** que determinan su rendimiento, estabilidad y capacidad operativa.

Conocer estos elementos resulta esencial para los operarios, no solo para su correcta utilización, sino también para realizar **comprobaciones previas, detectar anomalías** y garantizar un uso seguro conforme a las normativas de prevención de riesgos laborales.

A continuación, se describen los elementos más comunes en la mayoría de las carretillas elevadoras:

- ▼ **Chasis o bastidor**: es la estructura base de la carretilla, sobre la que se montan todos los demás componentes. Debe ser robusto y resistente, ya que soporta la carga total de la carretilla más la mercancía transportada.

- ▼ **Mástil**: es el conjunto vertical por el que se deslizan las horquillas para elevar o descender la carga. Puede ser simple, doble o triple, en función de la altura de trabajo necesaria. En algunos modelos, como las carretillas retráctiles, el mástil se retrae hacia el cuerpo de la carretilla.

- ▼ **Horquillas**: son las piezas metálicas que se introducen en los palés o debajo de la carga. Suelen ser ajustables en anchura y están diseñadas para soportar grandes pesos sin deformarse.

- **Ruedas**: las carretillas pueden tener ruedas neumáticas (rellenas de aire) para exteriores, o ruedas macizas (de goma sólida o poliuretano) para interiores. Su tipo y disposición influyen en la maniobrabilidad, estabilidad y tracción del vehículo.

- **Contrapeso**: en las carretillas contrapesadas, este bloque de metal situado en la parte trasera compensa el peso de la carga elevada, evitando el vuelco hacia delante.

- **Techo protector (estructura de seguridad o cabina)**: es un elemento obligatorio que protege al operario frente a caídas de objetos desde altura. Puede ser abierto o cerrado, dependiendo del entorno de trabajo.

- **Sistema de elevación**: incluye los cilindros hidráulicos, cadenas y sistemas de transmisión que permiten subir o bajar la carga con precisión.

3.3 ELEMENTOS DE CONDUCCIÓN

Los **elementos de conducción** son los que permiten al operario **controlar y manejar la carretilla** de forma segura y eficiente. Su disposición debe facilitar una conducción ergonómica, precisa y que minimice el esfuerzo físico. Además, deben estar claramente identificados y mantenerse en buen estado para evitar accidentes o fallos de funcionamiento.

Aunque el diseño puede variar entre modelos, los principales elementos de conducción de una carretilla automotora son los siguientes.

3.3.1 Volante de dirección

Es el mecanismo que permite controlar el **giro de las ruedas directrices** (normalmente las traseras). Su respuesta debe ser suave, sin holguras excesivas. Algunos modelos incluyen **volantes miniaturizados** o mandos joystick en lugar de ruedas tradicionales, especialmente en carretillas retráctiles.

3.3.2 Pedales

En carretillas térmicas o eléctricas contrapesadas, suele haber dos o tres pedales:

- ▶ **Acelerador**: controla la velocidad de desplazamiento.

- ▶ **Freno**: detiene el vehículo progresivamente.

- ▶ **Marcha atrás/marcha adelante o inversor de marcha**: en muchos modelos está ubicado en una palanca o interruptor en lugar de pedal.

En carretillas eléctricas, es habitual que el freno actúe automáticamente al soltar el pedal del acelerador.

3.3.3 Palancas de control hidráulico

Estas palancas, ubicadas junto al asiento del operario o integradas en un joystick, permiten controlar el **movimiento del mástil y las horquillas**.

Las funciones más habituales son:

- **Elevación/descenso de horquillas**.

- **Inclinación hacia delante o atrás del mástil** (para mayor estabilidad de la carga).

- **Desplazamiento lateral de horquillas** (desplazador lateral).

- **Apertura y cierre en modelos con pinza o implementos especiales**.

3.3.4 Cuadro de instrumentos o panel de control

Este panel proporciona al operario información sobre el estado de la carretilla. Puede incluir:

- Indicador de batería o combustible.

- Horómetro (tiempo de uso del vehículo).

- Indicador de carga elevada.

- Señales de alerta o mantenimiento (por ejemplo, sobrecalentamiento del motor o necesidad de revisión).

3.3.5 Espejos y ayudas visuales

En muchos modelos, especialmente los que trabajan en pasillos estrechos o con cargas voluminosas, se incorporan:

- **Espejos retrovisores panorámicos**.

- **Cámaras traseras o de mástil** (en modelos de última generación).

- **Luces LED de proyección en el suelo** para alertar a peatones de la trayectoria de la carretilla.

3.3.6 Señales acústicas y botones de seguridad

Incluyen:

- **Claxon o timbre**: permite advertir la presencia de la carretilla en zonas compartidas con peatones.

- **Botón de parada de emergencia**: detiene todas las funciones en caso de riesgo inminente.

- **Alarma de marcha atrás**: sonido automático que se activa al engranar la reversa.

Ejemplo

En una carretilla eléctrica contrapesada, el operario dispone de un volante convencional, dos pedales (acelerador y freno), y una palanca múltiple que controla tanto la elevación como la inclinación del mástil. Al activar la marcha atrás, se enciende una luz intermitente y suena una alarma. En el cuadro de control, el operario puede consultar el nivel de batería y un testigo le avisa de que debe realizar el mantenimiento a las 1.000 horas de uso.

3.4 INDICADORES DE CONTROL DE LA CARRETILLA

Los **indicadores de control de la carretilla** son dispositivos visuales y/o acústicos que permiten al operario **monitorear en tiempo real el estado de funcionamiento de la máquina**. Estos elementos proporcionan información sobre aspectos técnicos, niveles de consumo, condiciones operativas y posibles fallos o anomalías. Su presencia y correcta interpretación es esencial para **prevenir averías, evitar accidentes** y **garantizar la seguridad y la eficiencia del trabajo diario**.

En modelos modernos, especialmente en carretillas eléctricas o de alta gama, estos indicadores se concentran en **pantallas digitales multifunción**. En modelos más básicos o manuales, los indicadores pueden estar limitados a relojes analógicos o testigos luminosos sencillos.

A continuación, se describen los indicadores más habituales en carretillas automotoras, diferenciando entre **eléctricas y térmicas**, aunque muchos de ellos son comunes.

3.4.1 Indicador de carga de batería (en carretillas eléctricas)

Informa del nivel de carga disponible en la batería. Puede representarse en forma de barras, porcentaje o símbolos de advertencia. Cuando el nivel desciende por debajo de un umbral crítico, el sistema suele limitar ciertas funciones (por ejemplo, la elevación) para preservar energía suficiente para la retirada segura de la carretilla.

Es importante recordar que una descarga profunda de la batería puede reducir su vida útil y afectar gravemente al rendimiento de la máquina.

3.4.2 Indicador de combustible (en carretillas térmicas)

Muestra la cantidad de combustible disponible (diésel, gasolina o gas). Es fundamental para evitar interrupciones imprevistas en el trabajo y planificar el repostaje sin poner en riesgo las operaciones.

3.4.3 Testigo de temperatura del motor

Controla si el motor funciona dentro del rango térmico seguro. Un exceso de temperatura puede indicar problemas en el sistema de refrigeración, aceite insuficiente o uso excesivo en condiciones inadecuadas.

Cuando el testigo se ilumina en rojo, es necesario detener la carretilla y revisar el sistema para evitar daños graves al motor.

3.4.4 Testigo de mantenimiento o fallo técnico

Este indicador se enciende cuando la carretilla necesita una revisión periódica o ha detectado un fallo en alguno de sus sistemas (hidráulico, eléctrico, motor...). En carretillas modernas, puede venir acompañado de un código de error que facilita el diagnóstico por parte del técnico.

3.4.5 Horómetro (contador de horas de trabajo)

Registra el tiempo total de uso de la carretilla. Se emplea para **programar mantenimientos preventivos**, controlar el uso intensivo de la máquina o verificar su rendimiento frente al plan de trabajo.

3.4.6 Luces de advertencia o testigos de seguridad

Pueden indicar situaciones como:

- Presencia de **puertas abiertas** en cabinas.
- Uso indebido de sistemas de elevación.
- **Inclinación excesiva** del mástil.
- **Cinturón de seguridad no abrochado** (en modelos avanzados).

Ejemplo

Un operario inicia su turno con una carretilla eléctrica retráctil. Al encenderla, comprueba en el panel digital que la batería está al 100%, pero observa un icono de advertencia naranja con un símbolo de engranaje. El supervisor consulta el manual y verifica que el sistema solicita una revisión preventiva al alcanzar las 500 horas de uso. Además, el testigo de temperatura se activa brevemente durante una elevación prolongada, lo que indica que se está utilizando al límite su capacidad, y el operario decide hacer una pausa para evitar sobrecalentamientos.

Algunas recomendaciones para el uso de indicadores son las siguientes:

- **Revisar los indicadores antes de comenzar el turno**: especialmente el nivel de batería o combustible, y posibles testigos de avería.

- **No ignorar las señales de advertencia**, aunque parezcan leves. Son indicadores tempranos de posibles fallos mayores.

- **Anotar en el parte de mantenimiento cualquier testigo encendido** y notificar al responsable de taller o supervisor.

- **Realizar un uso eficiente y planificado**, evitando agotar completamente baterías o trabajar con sistemas en mal estado.

(i) **NOTA**

La formación del operario debe incluir la interpretación de los distintos indicadores de control, así como las acciones recomendadas ante cada situación. Una lectura incorrecta o la omisión de una señal de advertencia puede derivar en daños técnicos, accidentes o interrupciones operativas.

3.5 SEÑALES ACÚSTICAS Y VISUALES DE LAS CARRETILLAS

Las **señales acústicas y visuales** de las carretillas automotoras cumplen una función esencial en la **prevención de riesgos laborales**. Estos dispositivos de aviso permiten **comunicar a las personas del entorno la presencia, las maniobras o las condiciones operativas de la carretilla**, contribuyendo a evitar atropellos, colisiones, atrapamientos y otras situaciones peligrosas en almacenes, muelles de carga o zonas de circulación compartida.

Las señales deben ser **claras, perceptibles y estandarizadas**, y su uso está regulado por normativas de seguridad laboral, como el **Real Decreto 485/1997 sobre señalización de seguridad en los lugares de trabajo**, así como por normas técnicas UNE e ISO.

Las carretillas circulan frecuentemente en espacios donde conviven **peatones, otras máquinas y mercancías**, a menudo con visibilidad reducida, presencia de obstáculos, ruido ambiental y maniobras repetitivas. En este contexto, las señales visuales y acústicas permiten:

- Alertar sobre la **presencia y movimiento** de la carretilla.
- Indicar maniobras peligrosas, como **marcha atrás, elevación o giro**.
- Avisar de **averías, sobrecargas o anomalías** operativas.
- Mejorar la **interacción entre operarios y vehículos**, especialmente en zonas de cruce o intersección.

3.5.1 Señales acústicas: tipos y aplicaciones

Las señales acústicas son emitidas mediante dispositivos sonoros integrados en la carretilla. Deben tener un **volumen adecuado** (audible pero no molesto) y ser **diferenciables** de otros ruidos del entorno.

Entre las más habituales destacan:

- **Claxon o bocina:** permite al operario avisar de su presencia en zonas con visibilidad reducida, esquinas, salidas de estanterías o pasos de peatones. Debe usarse **de forma preventiva**, no reactiva.

- **Alarma de marcha atrás:** se activa automáticamente al engranar la marcha atrás. Es especialmente útil en almacenes ruidosos o cuando la parte trasera de la carretilla tiene visibilidad limitada. El sonido suele ser intermitente y de tono agudo.

- **Avisos de fallo técnico o mantenimiento:** algunas carretillas emiten una señal acústica si se detecta una anomalía (por ejemplo, sobrecalentamiento, bajo nivel de batería o fallo hidráulico).

▶ **Advertencia por inactividad o mal uso:** en modelos avanzados, una alarma puede sonar si el operario permanece inactivo con la carretilla encendida o si se realiza una maniobra no permitida (como levantar carga sin cinturón abrochado).

3.5.2 Señales visuales: elementos y características

Las señales visuales son igualmente importantes para la seguridad. Utilizan **luces fijas, intermitentes o proyectadas** que informan sobre la situación de la carretilla y alertan al entorno. Destacan:

▶ **Luz intermitente o rotatoria (baliza):** instalada en la parte superior, normalmente de color **naranja o amarillo**, se activa cuando la carretilla está en funcionamiento. Su objetivo es hacer visible la presencia de la máquina, especialmente en zonas con tráfico peatonal.

▶ **Luz de marcha atrás:** se enciende al accionar la marcha atrás y suele acompañarse de la alarma sonora correspondiente.

- **Luces delanteras y traseras:** permiten ver y verse en zonas de poca iluminación o durante maniobras en pasillos o estanterías profundas. Mejoran la seguridad durante la circulación.

- **Luces de proyección en el suelo:** se proyecta una señal visible (línea azul, triángulo, silueta de carretilla) a varios metros por delante o detrás de la máquina. Sirve como advertencia visual para peatones antes de que la carretilla entre en su campo de visión.

- **Indicadores luminosos de carga elevada:** en algunas carretillas, se encienden testigos cuando se supera la carga recomendada, o cuando se activa una función crítica (por ejemplo, elevación máxima del mástil).

Ejemplo

En un centro logístico con pasillos estrechos, una carretilla eléctrica retráctil circula por zonas compartidas con operarios a pie. Lleva activada una luz rotatoria en su parte superior, y al realizar marcha atrás, se enciende una alarma sonora y una luz blanca parpadeante en la parte trasera. Además, proyecta una línea azul en el suelo que anticipa su trayectoria, lo que permite a los peatones reaccionar a tiempo incluso antes de verla directamente.

Se exponen, a continuación, algunas recomendaciones para un uso seguro:

- Verificar diariamente el **buen estado de luces y alarmas** durante la inspección previa a cada turno.

◤ **No desconectar ni silenciar las señales** por comodidad del operador.

◤ Asegurarse de que el **entorno de trabajo esté diseñado** para que las señales sean claramente perceptibles (evitar ruido excesivo, buena visibilidad).

◤ **Formar al personal** para que reconozca e interprete correctamente las señales, tanto operadores como trabajadores de otras áreas.

◤ En zonas de alto riesgo, **combinar señales acústicas y visuales** para una protección más eficaz.

ⓘ **IMPORTANTE**

El mal funcionamiento o la desactivación intencionada de las señales de una carretilla constituye una infracción grave de las normas de seguridad, y puede derivar en accidentes laborales con consecuencias legales para el operador y la empresa.

3.6 MANTENIMIENTO BÁSICO E INDICADORES DE FUNCIONAMIENTO INCORRECTO

El **mantenimiento básico de las carretillas** es una actividad fundamental para garantizar su correcto funcionamiento, prolongar su vida útil, prevenir accidentes y asegurar la continuidad operativa. Aunque las revisiones técnicas periódicas deben ser realizadas por personal cualificado, **el operario también tiene la responsabilidad de realizar comprobaciones diarias** y atender a los **síntomas de funcionamiento anómalo** que pueda detectar durante el uso.

Una carretilla mal mantenida puede ser peligrosa para el conductor y para su entorno, generar averías costosas o incluso quedar fuera de servicio durante periodos prolongados, afectando negativamente a la productividad de la empresa.

Las tareas básicas de mantenimiento tienen como finalidad:

▸ **Prevenir averías** y reducir el desgaste prematuro de componentes.

▸ **Evitar accidentes laborales** derivados de fallos mecánicos o eléctricos.

▸ **Detectar irregularidades a tiempo** para corregirlas antes de que se agraven.

▸ **Cumplir con la normativa legal**, que exige que los equipos de trabajo estén en condiciones seguras de uso (RD 1215/1997).

Estas tareas no sustituyen las revisiones programadas por el fabricante o por el servicio técnico autorizado, pero sí permiten **mantener la carretilla en condiciones seguras entre inspecciones oficiales**.

Las siguientes acciones forman parte del mantenimiento diario o rutinario que debe realizar el usuario antes y después de su jornada de trabajo:

1. **Comprobación visual general:** el operario debe inspeccionar el **estado exterior** de la carretilla, buscando golpes, fisuras, fugas de líquidos o elementos sueltos. Debe prestarse atención especial a los **mástiles, horquillas, ruedas y contrapeso**.

2. **Revisión del sistema de ruedas y neumáticos:** se debe comprobar que las ruedas **no estén desgastadas, desalineadas o dañadas**. En el caso de neumáticos inflables, verificar la presión adecuada. Unas ruedas en mal estado afectan directamente a la **estabilidad y maniobrabilidad** de la carretilla.

3. **Estado de los mandos y controles:** se deben revisar el **volante, los pedales, las palancas hidráulicas, frenos y marchas**, comprobando que respondan correctamente, sin holguras ni bloqueos. También deben comprobarse los **espejos y las ayudas visuales** si están instalados.

4. **Funcionamiento de señales luminosas y acústicas:** es imprescindible confirmar que el **claxon, la alarma de marcha atrás, la luz rotatoria, las luces de proyección o los testigos luminosos** funcionen correctamente. Estas señales son esenciales para prevenir atropellos o colisiones.

5. **Nivel de fluidos (en carretillas térmicas):** en las carretillas con motor térmico, debe comprobarse el **nivel de combustible, aceite del motor, líquido de frenos y refrigerante**, reponiendo si fuera necesario según las instrucciones del fabricante.

6. **Estado de la batería (en carretillas eléctricas):** verificar el nivel de carga y el estado de los **bornes, cables y conexiones**. Si se detectan sulfatos, conexiones sueltas o la batería no mantiene la carga, debe notificarse para su revisión inmediata.

Detectar los **síntomas de una carretilla que no funciona correctamente** es clave para prevenir daños mayores y evitar accidentes. Algunos de los **signos más frecuentes de mal funcionamiento** son:

Síntoma	Posible causa
Ruidos extraños (rozamientos, chirridos)	Falta de lubricación o desgaste de piezas
Elevación lenta o errática	Fugas hidráulicas o nivel bajo de aceite
Respuesta lenta de los frenos o acelerador	Problemas en los pedales o sistema hidráulico
Movimiento irregular al circular	Ruedas desequilibradas o presión inadecuada
Olor a quemado o sobrecalentamiento	Sobrecarga, fallo eléctrico o mal uso del motor
Testigos de alerta encendidos en el panel	Fallo técnico, mantenimiento pendiente
Pérdida de estabilidad o inclinación excesiva	Carga mal distribuida o defectos en el mástil

Ejemplo

Durante el arranque de una carretilla eléctrica, el operario nota que la elevación del mástil es más lenta de lo normal y aparecen burbujas en el depósito del fluido hidráulico. Al detener la operación y revisarlo, se detecta una pequeña fuga en una junta del circuito hidráulico. Gracias a esta detección temprana, se evita una avería mayor y una posible caída de carga.

Varias buenas prácticas en el mantenimiento básico son:

- **Llevar un registro diario de revisión**, firmando una hoja de control al inicio del turno.
- **No operar la carretilla si se detecta un fallo crítico**, por pequeño que parezca.
- **Comunicar de inmediato cualquier anomalía al servicio técnico** o al responsable de mantenimiento.
- **Seguir siempre las indicaciones del manual del fabricante** para cada modelo.
- **Utilizar repuestos originales y materiales homologados** para garantizar la seguridad.

> **ⓘ NOTA**
>
> El mantenimiento básico no solo es una buena práctica, sino una obligación legal del empleador y del trabajador. Operar una carretilla en mal estado puede acarrear sanciones administrativas, pero, sobre todo, riesgos graves para la salud y la vida de quienes la utilizan o comparten el espacio de trabajo.

Por último, un aspecto interesante es la check-list diaria (inspección antes de cada turno). Antes de poner en funcionamiento una carretilla elevadora, el operario debe realizar una revisión visual y funcional rápida, pero completa, que permita detectar anomalías que puedan comprometer la seguridad o el rendimiento del equipo. Esta inspección, conocida como **check-list diaria**, es obligatoria en muchos entornos industriales y logísticos.

Zona / componente	Aspecto a comprobar	Observaciones
Ruedas y neumáticos	Presión, desgaste, daños visibles, objetos incrustados	Incluye ruedas macizas o neumáticas
Horquillas	Deformaciones, grietas, alineación, fijación	No deben presentar fisuras ni estar dobladas
Sistema hidráulico	Fugas de aceite, nivel del depósito, flexibilidad de las mangueras	Fugas visibles deben ser reportadas
Frenos	Respuesta al presionar el pedal, ruidos, recorrido excesivo	Probar en zona segura
Dirección	Suavidad del giro, holguras, rigidez	Comprobar en maniobras lentas
Luces y señales acústicas	Funcionamiento de luces delanteras, traseras, intermitentes, claxon y alarma	Obligatorio en zonas compartidas
Batería o depósito	Nivel de carga, sujeción, cables en buen estado / nivel de combustible	Adaptado al tipo de carretilla
Indicadores del panel	Funcionamiento del display, testigos luminosos	Atención especial a testigo de averías
Cinturón de seguridad	Presencia y correcto cierre	Uso obligatorio según normativa
Asiento y mandos	Fijación, limpieza, funcionamiento ergonómico de los controles	Evitar holguras o desgastes extremos
Chasis y carrocería	Golpes, abolladuras, elementos sueltos o deteriorados	Especial atención a protecciones laterales

Si durante la inspección diaria se detecta **cualquier defecto relevante**, el operario debe:

1. **No utilizar la carretilla.**

2. **Comunicarlo de inmediato** al responsable de mantenimiento o supervisor logístico.

3. **Registrar la anomalía** en el parte de inspección diaria (papel o digital).

4. **Esperar a la revisión técnica** antes de reincorporarla al servicio.

Toda empresa debe establecer un **protocolo escrito** para la revisión diaria de carretillas, incluyendo un **registro firmado por el operario** y un **responsable de seguimiento** que verifique las incidencias. Este documento puede ser exigido por las autoridades en una inspección de trabajo.

Ejemplo

En una empresa de distribución alimentaria, cada operario debe rellenar una hoja de control antes de iniciar su turno. Durante una revisión, un operario detecta una pequeña fuga de aceite hidráulico. La carretilla se retira del servicio y el equipo de mantenimiento confirma un deterioro en una junta. La reparación se efectúa antes de que el fallo se agrave y se evita un posible vuelco de carga.

3.7 AUTOEVALUACIÓN DE LA SECCIÓN

Compara una carretilla manual y una carretilla automotora eléctrica. ¿En qué tipo de entorno sería más adecuado utilizar cada una? Menciona al menos tres criterios para justificar tu elección, considerando el tipo de carga, la frecuencia de uso y las condiciones del espacio de trabajo.

Describe brevemente la función de los siguientes elementos en una carretilla elevadora automotora:

- ▼ Mástil

- ▼ Horquillas

- ▼ Contrapeso

- ▼ Ruedas traseras directrices

- ▼ Panel de control

Explica cómo el mal funcionamiento de cualquiera de estos elementos puede afectar a la seguridad de la operación.

Durante una inspección diaria, un operario detecta que una luz de advertencia parpadea en el panel de control y que el sonido del motor es más ruidoso de lo habitual. Analiza la situación. ¿Qué pasos debe seguir el operario antes de continuar usando la carretilla? ¿Qué consecuencias puede tener ignorar estas señales?

¿Por qué es importante que el operario realice revisiones básicas de la carretilla antes de cada jornada, incluso si la máquina se utilizó sin incidentes el día anterior? Expón al menos dos razones técnicas y una relacionada con la prevención de riesgos.

En un almacén con espacios reducidos, pasillos estrechos y operaciones en interiores, se debe elegir una carretilla para reposición de estanterías a media altura.

Indica qué tipo de carretilla sería la más adecuada entre las siguientes:

- ▸ Carretilla contrapesada térmica
- ▸ Carretilla eléctrica retráctil
- ▸ Carretilla elevadora todoterreno

Justifica tu respuesta detallando las ventajas y limitaciones de la opción seleccionada.

Imagina que estás conduciendo una carretilla y observas que la señal acústica de marcha atrás ha dejado de sonar. ¿Qué deberías hacer? ¿Estaría justificado seguir trabajando si la luz rotatoria funciona correctamente? Explica tu razonamiento según los principios de seguridad activa y pasiva.

4

Manejo y conducción de carretillas

El **manejo y la conducción de carretillas** constituye una de las fases más críticas del proceso logístico, ya que implica la **interacción directa entre el operario, la máquina y el entorno de trabajo**. El desplazamiento de mercancías con carretillas elevadoras, ya sea en interiores o exteriores, requiere, por un lado, conocimientos técnicos sobre la máquina y, por otro, una actitud preventiva y responsable para garantizar la **seguridad de las personas, la integridad de las cargas y el buen estado de las instalaciones**.

Conducir una carretilla no es una actividad menor ni puramente mecánica. El conductor debe mantener un elevado nivel de atención, tomar decisiones continuas y aplicar criterios de seguridad ante diferentes situaciones: circulación en pasillos estrechos, elevación de cargas en altura, descensos en pendiente, giros cerrados, maniobras en zonas compartidas con peatones, entre otros. Por ello, es indispensable que todo operario reciba una **formación específica, teórica y práctica**, conforme a la normativa vigente en prevención de riesgos laborales.

4.1 EJE DIRECTRIZ

Uno de los aspectos más importantes en la conducción de carretillas elevadoras, y que frecuentemente pasa desapercibido para quienes no están familiarizados con su uso, es la ubicación del **eje directriz**. A diferencia de los vehículos convencionales, donde las **ruedas directrices están situadas en el eje delantero**, la mayoría de las carretillas elevadoras tienen las **ruedas directrices en el eje trasero**. Este hecho tiene **implicaciones directas en el comportamiento del vehículo**, especialmente en lo que respecta a la **maniobrabilidad, el radio de giro, la estabilidad y la forma de ejecutar las maniobras**.

¿Qué es el eje directriz?

El **eje directriz** es el eje sobre el cual actúan los mecanismos de dirección que permiten cambiar la trayectoria del vehículo. En una carretilla elevadora estándar, este eje suele estar situado en la parte **trasera**, donde se ubican las **ruedas que giran cuando el operario acciona el volante**.

Esta disposición responde a una razón práctica: en una carretilla, la **carga se transporta en la parte delantera**, por lo que las ruedas frontales soportan la mayor parte del peso. Si las ruedas directrices estuvieran en el mismo eje, la dirección sería inestable y dificultosa. Al colocar el eje directriz en la parte trasera, se mejora considerablemente la **capacidad de giro** del vehículo, incluso en espacios reducidos.

El hecho de que la dirección esté en el eje trasero implica un comportamiento distinto al de los turismos u otros vehículos convencionales:

- ▸ **El giro se inicia desde la parte trasera**, por lo que la carretilla "empuja" la parte delantera hacia la nueva dirección, generando una sensación de "desplazamiento lateral".

- ▸ **El radio de giro es mucho más corto**, lo que permite realizar maniobras en pasillos estrechos o entre estanterías con mayor facilidad.

- ▸ Al girar, **la parte trasera de la carretilla describe una trayectoria amplia**, lo que puede generar riesgos de colisión con obstáculos o personas situadas en las proximidades.

Ejemplo

Cuando una carretilla elevadora gira a la derecha, su parte trasera se desplaza hacia la izquierda describiendo un amplio barrido. Si en ese momento hay una estantería, una puerta o un compañero en esa trayectoria, existe riesgo de golpe o atrapamiento. Por eso, el operario debe prestar especial atención al entorno trasero durante cada maniobra.

A continuación, se describen recomendaciones para una conducción segura teniendo en cuenta el eje directriz:

▼ **Adaptar la velocidad de giro**: cuanto mayor sea la velocidad, más amplio será el movimiento de la parte trasera, y menor será el control.

▼ **Mirar siempre en la dirección de la marcha**, incluyendo el retrovisor o girando el cuerpo si se circula marcha atrás.

▼ **Evitar giros bruscos con carga elevada**, ya que se puede desestabilizar la carretilla y provocar un vuelco lateral.

▼ **Tener en cuenta el espacio trasero**: prever el recorrido de la parte posterior de la carretilla al trazar curvas.

▼ **Formarse adecuadamente**: entender el comportamiento del eje directriz es parte esencial de la formación obligatoria del operador.

> **ⓘ NOTA**
>
> Muchos accidentes con carretillas elevadoras no se producen al elevar cargas, sino durante maniobras de giro mal calculadas. La conciencia del eje directriz trasero y sus efectos en el movimiento del vehículo es clave para prevenirlos.

4.2 ACCESO Y DESCENSO DE LA CARRETILLA

El **acceso y descenso de la carretilla elevadora** es una maniobra aparentemente sencilla, pero que debe realizarse con **atención, método y precaución**. Aunque suele considerarse una acción rutinaria, gran parte de los accidentes laborales relacionados con el uso de carretillas tienen lugar precisamente durante el **subir o bajar del vehículo**, ya sea por caídas, resbalones, golpes o malas posturas que provocan lesiones musculares o articulares.

Por ello, las normativas de prevención de riesgos laborales y los manuales de buenas prácticas insisten en aplicar **técnicas seguras de acceso y descenso**, especialmente cuando el operador realiza múltiples ciclos durante su jornada.

Antes de describir las recomendaciones técnicas, es importante tener en cuenta algunos **riesgos comunes** derivados de un acceso o descenso inadecuado:

- ▶ **Caídas al suelo** por saltar desde la cabina o bajar de forma brusca.

- ▶ **Resbalones** provocados por suelas mojadas o escalones sucios.

- ▶ **Golpes** con partes metálicas al descender sin apoyo o sin mirar.

- ▶ **Sobrecarga de rodillas o espalda** por posturas inadecuadas al subir o bajar.

- ▶ **Atrapamientos** con la puerta, el cinturón de seguridad o mandos cercanos.

El acceso a la carretilla debe realizarse siempre siguiendo una secuencia segura y ergonómica:

1. **Verificar el estado del suelo** alrededor de la carretilla (que no haya charcos, obstáculos, rampas o superficies inestables).

2. **Comprobar que la carretilla esté detenida, con el freno de estacionamiento activado**.

3. **Utilizar siempre los puntos de apoyo habilitados**: escalones, barras o asideros. Están diseñados para facilitar un acceso estable.

4. **Aplicar la técnica de "tres puntos de contacto"**: siempre deben estar en contacto **dos manos y un pie, o dos pies y una mano** mientras se accede o desciende.

5. **Evitar subir cargando objetos**: en caso de transportar documentación u otros materiales, deben colocarse primero dentro de la cabina.

6. **No saltar ni impulsarse con fuerza**: el acceso debe ser progresivo y controlado.

Ejemplo

Un operario accede a su carretilla al comenzar el turno. Antes de subir, revisa que no haya aceite en el suelo. Sostiene la barra lateral con su mano izquierda, coloca el pie en el primer escalón y, manteniendo el equilibrio con ambas manos, se impulsa hasta sentarse en el asiento. Finalmente, ajusta el respaldo y abrocha el cinturón de seguridad.

El descenso debe realizarse con el mismo cuidado que el acceso:

1. **Detener completamente la carretilla**, aplicar el freno de estacionamiento y desconectar la energía (llave o botón).

2. **No girarse ni saltar directamente hacia atrás**. La postura correcta es **mirando hacia la máquina mientras se baja**.

3. **Mantener los tres puntos de contacto durante todo el descenso**.

4. **Evitar apoyar los pies en zonas inestables** (por ejemplo, los neumáticos o el borde del chasis).

5. **No bajar con prisas ni con objetos en la mano** que dificulten el equilibrio.

ⓘ NOTA

El descenso apresurado desde la carretilla es una causa habitual de lesiones en tobillos, rodillas y espalda. Estas lesiones pueden parecer menores inicialmente, pero acumularse con el tiempo y derivar en bajas laborales de larga duración.

Algunas buenas prácticas complementarias son:

▶ **Limpiar regularmente los puntos de apoyo** para evitar acumulaciones de grasa, polvo o barro.

▶ **Usar calzado antideslizante y adecuado** para el trabajo con carretillas.

▶ **Reportar cualquier defecto en escalones, asideros o superficies desgastadas**.

▶ **Formar a los operarios nuevos o inexpertos** en el acceso seguro, especialmente si utilizan modelos de carretilla con cabinas elevadas o acceso lateral.

4.3 USO DE SISTEMAS DE RETENCIÓN, CABINA, CINTURÓN DE SEGURIDAD

En la conducción de carretillas elevadoras, uno de los aspectos clave para la **prevención de accidentes graves o mortales** es el uso adecuado de los **sistemas de retención**. Estos dispositivos, que incluyen la **cabina protectora**, el **cinturón de seguridad** y otros elementos complementarios, están diseñados para **proteger al operario frente a vuelcos, impactos, caídas de objetos o maniobras bruscas**.

Aunque muchas veces el operador puede considerar que "va despacio" o que "tiene el control", en realidad un vuelco de carretilla puede producirse en cuestión de segundos y con consecuencias fatales si no se han utilizado correctamente los sistemas de retención. Por esta razón, tanto la normativa como las buenas prácticas operativas insisten en su uso obligatorio.

Todas las carretillas automotoras deben ir equipadas con una **estructura de protección del operador**, también conocida como **cabina ROPS/FOPS**:

- ◤ **ROPS (Roll-Over Protective Structure)**: estructura antivuelco que evita que el operador sea aplastado en caso de vuelco lateral o longitudinal.

- ◤ **FOPS (Falling Object Protective Structure)**: protección contra la caída de objetos desde altura, especialmente útil en zonas de apilamiento elevado.

Estas estructuras suelen estar construidas en **acero reforzado** y forman parte integral del chasis de la carretilla. En muchos modelos, la cabina es abierta, pero en entornos exteriores o industriales puede cerrarse, incluyendo puertas, parabrisas, calefacción o climatización.

Bajo ningún concepto debe desmontarse, modificarse o anularse la estructura de protección. Si se deteriora por impacto, debe ser evaluada y reparada por un técnico autorizado.

Por su parte, el **cinturón de seguridad** es uno de los elementos más sencillos y eficaces de protección pasiva. Su función principal es **mantener al operador dentro del habitáculo** en caso de vuelco. En un accidente, el mayor peligro para el conductor no suele ser el impacto, sino **expulsarse de la carretilla y quedar atrapado entre esta y el suelo**.

Algunas características del cinturón son:

▸ Puede ser de **dos puntos (abdominal)** o **tres puntos (con anclaje superior)**, dependiendo del modelo de carretilla.

▸ Debe estar **homologado y en buen estado**: sin cortes, enganches deteriorados ni holgura excesiva.

▸ En algunos modelos, su uso está vinculado al sistema de arranque: **la carretilla no se activa si el cinturón no está abrochado** (sistema de seguridad conmutado).

Ejemplo

En un almacén logístico, un operario realiza una maniobra en pendiente con una carga alta. Una rueda toca un palé mal colocado, lo que provoca un vuelco lateral. Gracias a que el cinturón estaba abrochado, el conductor permanece en el interior de la cabina protegida, evitando quedar atrapado. Sin el cinturón, el cuerpo podría haber sido expulsado por inercia.

Además de la estructura de protección y el cinturón, existen otros sistemas o elementos que contribuyen a mejorar la seguridad del operador:

- ⬛ **Puertas laterales con cierre** (en cabinas cerradas).

- ⬛ **Reposabrazos ergonómicos** que mejoran la sujeción en curvas o movimientos bruscos.

- ⬛ **Asientos con suspensión y anclaje ajustado** que evitan desplazamientos indeseados.

- ⬛ **Sistemas de bloqueo de funciones si el operario no está sentado correctamente** (sensor de asiento).

- ⬛ **Alarmas de cinturón no abrochado**, similares a las de los vehículos convencionales.

Es importante seguir las recomendaciones para el uso correcto:

- ⬛ **Abrochar siempre el cinturón**, incluso para trayectos cortos o maniobras de pocos segundos.

- ⬛ **Verificar su estado diariamente**, comprobando que se recoge correctamente y que la hebilla funciona.

- ⬛ **No dejar objetos sueltos en la cabina** que puedan interferir en caso de maniobra o vuelco.

- ⬛ **Mantener la postura correcta** en el asiento, con la espalda apoyada y sin inclinarse fuera del habitáculo.

▶ **Formar al personal** para eliminar falsos mitos como "la carretilla va despacio, no hace falta cinturón".

> ⓘ **IMPORTANTE**
>
> El uso del cinturón de seguridad es obligatorio según la Ley de Prevención de Riesgos Laborales. Su omisión puede derivar en sanciones, responsabilidades legales y, sobre todo, en consecuencias graves para la integridad del trabajador en caso de accidente.

4.4 PUESTA EN MARCHA Y DETENCIÓN DE LA CARRETILLA

La **puesta en marcha y la detención de la carretilla** son maniobras que marcan el inicio y el final de cada ciclo de trabajo. Aunque puedan parecer acciones rutinarias, **realizarlas de forma segura y ordenada** es esencial para evitar incidentes, proteger la integridad del operario y de los demás trabajadores, así como para garantizar el buen estado de la máquina.

Ambas maniobras están reguladas por normas de seguridad y forman parte de los **procedimientos operativos básicos** que todo conductor cualificado debe dominar y ejecutar correctamente en cada jornada.

Antes de poner en marcha una carretilla elevadora, el operador debe llevar a cabo una **revisión visual y funcional básica** que asegure que la máquina está en condiciones seguras para operar.

Se describen los pasos recomendados:

1. **Revisión previa de la máquina:**

   - Verificar que no haya fugas de fluidos ni daños visibles en las ruedas, mástil o estructura.

   - Comprobar el nivel de batería (en eléctricas) o de combustible (en térmicas).

   - Asegurarse de que todos los elementos de seguridad (espejos, luces, claxon, frenos, indicadores) funcionen correctamente.

2. **Acceso seguro:**

   - Subir a la carretilla utilizando los puntos de apoyo, con la técnica de tres puntos de contacto.

   - Ajustar el asiento y los espejos si es necesario.

3. **Asegurar la posición del operador:**

   - Sentarse correctamente, con la espalda apoyada.

   - **Abrochar el cinturón de seguridad**.

   - Comprobar que no haya objetos sueltos en la cabina que puedan interferir con los mandos.

4. **Encendido de la carretilla:**

- Introducir la llave o activar el sistema de arranque.

- Esperar unos segundos a que se activen los sistemas electrónicos y se realice el test de los indicadores.

- Verificar que no hay **luces de aviso activadas** en el panel.

5. **Desbloqueo del freno de estacionamiento:**

- Liberar el freno de estacionamiento únicamente cuando se tenga la seguridad de que el entorno es seguro.

6. **Inicio del desplazamiento:**

- Comenzar la marcha con **movimientos suaves**, observando el entorno y señalizando la salida si es necesario.

Ejemplo

Un operario comienza su turno en una zona de carga. Tras revisar el estado de su carretilla eléctrica, se sube, ajusta el asiento, se abrocha el cinturón, enciende la máquina y verifica que no haya testigos encendidos en el panel. A continuación, desbloquea el freno y se incorpora al pasillo de circulación, mirando en todas direcciones antes de iniciar la marcha.

Al finalizar una maniobra, o al interrumpir temporalmente el trabajo, es igualmente importante **detener la carretilla de forma controlada y segura**. Un mal hábito en esta fase puede provocar desplazamientos involuntarios, daños en la carga o incluso accidentes por atropello o vuelco.

En este caso, los pasos recomendados son:

1. **Reducción progresiva de velocidad:**

   - Antes de detenerse, reducir la velocidad con suavidad.

   - Evitar frenadas bruscas, especialmente con carga elevada o en pendiente.

2. **Colocación segura de la carga (si procede):**

   - Si se va a aparcar con carga, debe depositarse de forma **estable y segura** en el lugar correspondiente.

3. **Colocación de la carretilla:**

   - Elegir una **zona habilitada para el estacionamiento**, fuera de pasillos de paso, rampas o salidas de emergencia.

4. **Descenso completo de las horquillas:**

   - Las horquillas deben quedar totalmente apoyadas en el suelo para evitar riesgos de tropiezos o daños.

5. **Activación del freno de estacionamiento:**

   - Obligatorio antes de apagar la máquina o dejar el puesto.

6. **Apagado del motor:**

   - Apagar la carretilla mediante la llave o el interruptor correspondiente.

   - En caso de batería eléctrica, puede ser necesario desconectar el sistema de alimentación.

7. **Retirada segura:**

   - Desabrochar el cinturón, revisar el entorno y descender de la carretilla aplicando la técnica correcta, sin saltar ni girarse bruscamente.

Por último, varios errores comunes a evitar son:

- Dejar la carretilla encendida o con el freno suelto.

- Aparcar en zonas de paso o donde pueda obstruir la circulación.

- Apagar la carretilla sin haber bajado las horquillas.

- Bajar sin utilizar los puntos de apoyo.

- No revisar los indicadores tras encender el vehículo.

ⓘ IMPORTANTE

Tanto la puesta en marcha como la detención segura deben entenderse como protocolos de seguridad imprescindibles, no como simples gestos mecánicos. Una omisión en estos pasos puede generar consecuencias graves, especialmente en entornos donde conviven personas y maquinaria.

4.5 CIRCULACIÓN: VELOCIDAD DE DESPLAZAMIENTO, TRAYECTORIA, NATURALEZA Y ESTADO DEL PISO ETC

La **circulación de una carretilla elevadora** dentro de un entorno logístico o industrial debe realizarse bajo **criterios estrictos de seguridad y eficiencia operativa**. A diferencia de otros vehículos, las carretillas transportan cargas que pueden ser voluminosas, inestables o pesadas, lo que altera su **comportamiento dinámico** y requiere una conducción especialmente atenta a factores como la **velocidad**, la **trayectoria**, el **estado del suelo** y las **condiciones del entorno**.

Conducir una carretilla no consiste solo en moverse de un punto a otro: implica **gestionar el equilibrio de la carga, prever movimientos del entorno, adaptar la velocidad a cada situación y asegurar que las maniobras no comprometen ni al operario ni a las instalaciones**.

La **velocidad de circulación** de una carretilla elevadora debe adaptarse al tipo de entorno, la visibilidad, el volumen de tráfico interno y la carga transportada. En general, las **normas internas de seguridad** establecen **límites máximos entre 6 y 10 km/h**, pero este valor puede reducirse notablemente en situaciones de riesgo.

Algunos criterios generales:

- En zonas con presencia de peatones: **máximo 6 km/h**.

- En rampas, curvas cerradas o zonas de cruce: velocidad **reducida y controlada**.

- En interiores con pasillos estrechos: **velocidad mínima**, especialmente si se circula con carga elevada que limita la visibilidad.

A mayor velocidad, **mayor es la distancia de frenado, menor la capacidad de maniobra y mayor el riesgo de vuelco o colisión**. La seguridad debe prevalecer siempre sobre la rapidez.

El operador debe mantener una **trayectoria estable y predecible**, evitando cambios bruscos de dirección. La carretilla debe desplazarse **por los itinerarios señalizados**, respetando las flechas de dirección, pasos de cebra y zonas restringidas.

Además, es fundamental mantener una **distancia de seguridad suficiente** respecto a otras carretillas, peatones u obstáculos. Esta distancia debe permitir:

- Detenerse de forma segura en caso de imprevisto.

- Maniobrar sin invadir zonas ajenas.

- Evitar colisiones por giros amplios (recordando que el eje directriz está en la parte trasera).

Ejemplo

Un operador circula por un pasillo compartido a 6 km/h con carga elevada. Dado que su visibilidad frontal es limitada, mantiene una distancia de 5 metros respecto a la carretilla que va delante, y reduce aún más su velocidad al acercarse a un cruce con visibilidad lateral reducida.

El tipo de superficie por la que se desplaza la carretilla influye directamente en su **comportamiento, estabilidad y seguridad**. Algunas superficies presentan **mayor riesgo de deslizamiento, pérdida de tracción o vuelco**, por lo que es vital adaptar la conducción a las características del suelo.

Varios aspectos para tener en cuenta son:

- **Estado del pavimento**: un suelo irregular, con grietas, desniveles o placas metálicas mal fijadas, puede hacer **vibrar o inclinar la carga**, afectando la estabilidad.

- **Pendientes**: en caso de rampas o inclinaciones, la circulación debe realizarse **con la carga orientada cuesta arriba** y **a baja velocidad**.

- **Humedad o derrames**: suelos mojados, aceitados o con restos de productos pueden provocar **deslizamientos**. Ante estas condiciones, debe actuarse con **máxima precaución** y señalizar la zona si hay riesgo para otros.

- **Pavimento exterior**: la gravilla, barro, nieve o asfalto dañado pueden dificultar la maniobrabilidad. En estos casos, solo deben emplearse **carretillas preparadas para uso exterior (todo terreno)**.

La circulación debe ajustarse también a otros factores ambientales y organizativos:

- **Iluminación insuficiente**: circular solo si las luces de la carretilla funcionan correctamente. En almacenes oscuros o de techos altos, se deben usar luces LED auxiliares.

- **Ruido ambiental**: en zonas con ruido constante, el operador debe **usar señales visuales** (como balizas luminosas) y redoblar la atención a los peatones.

- **Tráfico interno elevado**: en zonas donde circulan varias carretillas o camiones, es esencial **respetar las prioridades**, ceder el paso y evitar maniobras imprevisibles.

- **Zonas de paso de peatones**: deben cruzarse **siempre a velocidad mínima**, haciendo uso del claxon si es necesario.

Por último, en este sentido, algunas buenas prácticas de circulación son las siguientes:

- ▼ **Mirar siempre en la dirección de la marcha**, o utilizar espejos y retrovisores en caso de marcha atrás.

- ▼ **Nunca transportar personas** sobre la carretilla.

- ▼ **No usar el móvil ni auriculares** durante la conducción.

- ▼ **Respetar la señalización interna del almacén**, incluyendo limitaciones de velocidad, sentido de circulación y zonas de cruce.

- ▼ **Evitar giros cerrados con carga elevada o a velocidad inadecuada**.

ⓘ IMPORTANTE

Las carretillas no están diseñadas para circular por vías públicas salvo que estén homologadas para ello. En entornos industriales, el cumplimiento estricto de las normas internas de circulación es obligatorio y controlable por la empresa.

4.6 MANIOBRAS. FRENADO, APARCADO, MARCHA ATRÁS, DESCENSO EN PENDIENTE

Las **maniobras con carretillas elevadoras** forman parte de la operativa diaria en cualquier entorno logístico o industrial, y requieren un conocimiento preciso tanto de la máquina como del entorno. A diferencia de los vehículos convencionales, las carretillas presentan **un centro de gravedad desplazado, una dirección trasera y una estabilidad condicionada por la carga**, lo que convierte maniobras como **el frenado, el aparcado, la marcha atrás o el descenso en pendiente** en situaciones de riesgo potencial si no se ejecutan correctamente.

Cada maniobra debe realizarse **con precaución, conocimiento técnico y atención al entorno**, y respetando los protocolos internos de seguridad establecidos por la empresa y la normativa vigente.

4.6.1 Frenado

El **frenado de una carretilla** debe ser siempre **progresivo y controlado**, especialmente cuando se transporta carga. Un frenazo brusco puede provocar:

- Desplazamiento o caída de la carga.
- Pérdida de estabilidad lateral.
- Daños a las mercancías o estructuras próximas.
- Riesgo de vuelco o desplazamiento incontrolado.

En carretillas eléctricas, el sistema de freno suele actuar al soltar el acelerador, combinando **frenado regenerativo y freno de servicio**. En las térmicas, el freno se acciona mediante pedal convencional, aunque su respuesta puede variar en función del estado de carga o del piso.

Se debe:

- Reducir la velocidad con antelación al llegar a giros, zonas estrechas o cruces.
- No frenar bruscamente al descender pendientes.
- Evitar frenar con la carga elevada: primero bajar la carga y luego detenerse.

4.6.2 Aparcado

El **estacionamiento de la carretilla** debe realizarse siempre en lugares **habilitados para ello**, fuera de las zonas de paso, cruces o rampas. Un aparcamiento incorrecto puede provocar colisiones, obstáculos imprevistos o desplazamientos involuntarios.

Los pasos recomendados para aparcar con seguridad son:

1. **Detener completamente la carretilla** y bajar las horquillas hasta que apoyen en el suelo.

2. **Colocar la carretilla perpendicular a la zona de paso**, sin que sobresalga ni entorpezca el tráfico.

3. **Accionar el freno de estacionamiento**.

4. **Apagar la máquina** y retirar la llave si no se va a utilizar durante un periodo prolongado.

5. **No dejar nunca la carretilla encendida y sin supervisión**, aunque sea por pocos minutos.

ⓘ IMPORTANTE

Aparcar sin bajar las horquillas constituye un riesgo grave de tropiezo o atrapamiento para otros trabajadores.

4.6.3 Marcha atrás

La **marcha atrás** es una de las maniobras más delicadas, ya que el operario debe controlar el espacio trasero, donde **la visibilidad es más limitada** y **la parte trasera de la carretilla describe un amplio giro** debido al eje directriz.

Algunas recomendaciones son:

- **Mirar directamente en la dirección del movimiento**, girando el cuerpo si es necesario.

- **Usar los retrovisores y las cámaras** si están disponibles, pero sin depender exclusivamente de ellos.

- **Emitir señal acústica** (alarma de marcha atrás) y señal luminosa si se trabaja en zonas compartidas.

▶ **Comprobar que no hay obstáculos ni personas** en la trayectoria antes de iniciar la marcha.

Ejemplo

En una zona de descarga, el operario debe salir marcha atrás tras dejar la carga. Antes de iniciar el movimiento, gira el cuerpo, acciona el claxon, verifica que no hay peatones cruzando y realiza el retroceso a velocidad mínima, sin girar bruscamente.

4.6.4 Descenso en pendiente

El **descenso en pendientes** es especialmente peligroso si se realiza sin las precauciones adecuadas. El riesgo de pérdida de control, deslizamiento, vuelco o desplazamiento de la carga es elevado.

Las reglas de seguridad esenciales para este caso son:

▸ **Bajar la pendiente siempre con la carga orientada hacia arriba**, aunque se circule marcha atrás.

▸ **Usar una velocidad reducida**, manteniendo siempre el control mediante el freno motor o el freno principal.

▸ **No frenar bruscamente**, ya que esto puede provocar deslizamientos o pérdida de estabilidad.

▸ **No girar en plena pendiente**, ya que el cambio en la distribución del peso puede desestabilizar la máquina.

▸ **Revisar que la superficie no esté resbaladiza** por humedad, grasa o gravilla.

Ejemplo

En una rampa de acceso a un almacén, el operario desciende marcha atrás con la carga orientada hacia arriba. Controla la velocidad con el freno motor y evita maniobras laterales. Al llegar al final de la pendiente, detiene la carretilla y deposita la carga antes de girar.

Por último, se describen recomendaciones generales para maniobras seguras:

- ▸ **Practicar las maniobras en entornos controlados** durante la formación inicial y continua.

- ▸ **Reducir la velocidad antes de realizar cualquier maniobra compleja**.

- ▸ **Aumentar la atención en presencia de peatones o vehículos** en circulación.

- ▸ **Seguir siempre las instrucciones del manual de uso y las normas internas de la empresa**.

4.7 ACELERACIONES, MANIOBRAS INCORRECTAS

El comportamiento dinámico de una carretilla elevadora es muy distinto al de otros vehículos debido a su **centro de gravedad elevado, eje directriz trasero y reparto asimétrico de peso cuando transporta carga**. Por eso, una conducción brusca o imprudente —especialmente en lo que respecta a **aceleraciones y maniobras mal ejecutadas**— puede generar **graves riesgos de vuelco, desplazamiento de la carga, atropellos, colisiones o daños estructurales**.

Una **aceleración excesiva o repentina** puede comprometer la estabilidad de la carretilla y de la carga. Aunque los modelos modernos incluyen sistemas de control de tracción, el riesgo sigue presente en entornos industriales complejos.

Las principales consecuencias de una aceleración inadecuada son:

- **Pérdida de adherencia**, especialmente en superficies deslizantes o irregulares.

- **Desplazamiento o caída de la carga**.

- **Inestabilidad lateral**, que puede desembocar en vuelco.

- **Desgaste prematuro de los neumáticos** o componentes del sistema de transmisión.

- **Dificultad de frenado inmediato**, ya que la inercia de la carga se multiplica al ganar velocidad.

Ejemplo

Un operario circula con carga en una zona de pavimento pulido. Al salir de una curva, acelera bruscamente. La carga, elevada y poco asegurada, se inclina hacia adelante y golpea la estructura frontal del mástil, dañando tanto la mercancía como la carretilla.

El mal uso de la carretilla suele deberse a **falta de formación, exceso de confianza, prisa o desconocimiento de las normas básicas de seguridad**. A continuación, se enumeran las maniobras que deben evitarse, junto con sus riesgos asociados:

Maniobra incorrecta	Riesgo asociado
Acelerar en curvas	Pérdida de estabilidad, vuelco lateral
Girar con la carga elevada	Cambio del centro de gravedad, riesgo de caída de carga o vuelco
Frenar bruscamente con carga	Inercia hacia adelante, desplazamiento de la mercancía
Circular con el mástil elevado	Menor visibilidad y mayor riesgo de vuelco
Transportar personas sobre la carretilla	Riesgo de caída, atrapamiento o pérdida de control
Realizar giros cerrados a velocidad excesiva	Vuelco por descompensación del peso
Subir o bajar rampas con la carga orientada hacia abajo	Desequilibrio, deslizamiento o caída de la carga
Soltar el volante en marcha	Pérdida inmediata de control, sobre todo al girar
Transportar cargas inestables sin asegurar	Caídas, golpes a terceros o daños a las instalaciones

Por lo tanto, algunas buenas prácticas frente a aceleraciones y maniobras incorrectas se resumen en:

- Iniciar la marcha siempre de forma **suave y progresiva**, especialmente al transportar productos frágiles o apilados.

- Reducir la velocidad antes de **tomar una curva**, no durante la maniobra.

- **Evitar acciones impulsivas o reflejas** en situaciones de presión o prisa.

- Mantener la **carga baja y estable** durante todo el trayecto.

- Realizar giros **amplios y controlados**, teniendo en cuenta que el eje directriz está en la parte trasera.

- **Frenar antes de detenerse completamente**, sin bloquear las ruedas.

> **ⓘ NOTA**
>
> La mayoría de los accidentes con carretillas no se deben a fallos mecánicos, sino a errores humanos derivados de maniobras inapropiadas. Por ello, la concienciación y la formación continua del personal son clave para reducir riesgos.

4.8 MANIOBRAS DE CARGA Y DESCARGA

Las **maniobras de carga y descarga** con carretillas elevadoras son una de las operaciones más frecuentes y a la vez más críticas en cualquier entorno logístico, industrial o comercial. En estas maniobras, el operario debe **interactuar con la mercancía, las estanterías, los vehículos de transporte y el entorno físico**, lo que exige una **conducción técnica, precisa y segura**. Un solo error puede causar la caída de la carga, daños a productos o infraestructuras, o incluso lesiones graves.

Por tanto, este tipo de maniobra debe realizarse bajo una serie de **principios técnicos y preventivos**, que reduzcan los riesgos asociados y garanticen la eficiencia del proceso.

Las maniobras de carga y descarga se desarrollan en varias fases, cada una con riesgos específicos:

1. **Aproximación a la carga:**

   - Se debe realizar a **velocidad mínima** y en línea recta, con las horquillas completamente bajadas.
   - Es fundamental **centrar las horquillas respecto a la carga** o al palé.
   - Comprobar que el espacio está libre de obstáculos, que la carga está estable y que el entorno es seguro.

2. **Inserción de horquillas:**

   - Las horquillas deben estar **niveladas, paralelas y completamente introducidas** bajo la carga.
   - Nunca deben usarse horquillas a medio insertar, ya que esto provoca inestabilidad.
   - Evitar el contacto brusco con el palé o el producto.

3. **Elevación de la carga:**

   - Una vez bien posicionadas las horquillas, elevar la carga **solo lo necesario para despegarla del suelo** o de la superficie de apoyo.

- **Inclinar ligeramente el mástil hacia atrás** para estabilizar la carga durante el transporte.

4. **Transporte hasta el punto de descarga:**

   - Circular con la carga **baja y estable**. Elevar la carga durante el desplazamiento es peligroso.

   - Reducir la velocidad especialmente en curvas, rampas o superficies irregulares.

5. **Colocación de la carga:**

   - Detener completamente la carretilla antes de elevar la carga al punto de descarga.

   - Elevar suavemente hasta la altura deseada.

   - **Avanzar con precisión** hasta que la carga quede correctamente colocada.

   - **Descender lentamente las horquillas** hasta apoyar la carga.

   - Retirar las horquillas con cuidado, evitando rozamientos.

Es importante destacar algunas precauciones generales durante la carga y descarga:

- **Nunca empujar ni arrastrar cargas** con las horquillas.

- **No girar ni elevar la carga mientras se circula**.

- **No subir ni bajar rampas con la carga elevada**.

- **No depositar la carga sobre superficies inestables, inclinadas o dañadas**.

- **Evitar operar si hay personas cerca** de la carga, especialmente durante la elevación.

Ejemplo

Un operador recoge un palé con bobinas de papel desde una estantería. Se aproxima en línea recta, introduce las horquillas completamente, eleva solo lo necesario y circula con la carga inclinada ligeramente hacia atrás. Al llegar al muelle de carga, detiene completamente la carretilla, eleva con precisión y deposita la carga con cuidado. Finalmente, retira las horquillas sin golpear ni arrastrar el palé.

Por otra parte, existen consideraciones específicas según el entorno:

1. **En muelles de carga:**

   - Asegurarse de que el camión está **frenado y calzado**.
   - Usar **puentes móviles o rampas niveladoras** correctamente ancladas.
   - Comprobar que el suelo del camión o contenedor está en **buen estado y soporta el peso**.

2. **En estanterías en altura:**

- Verificar que la carga es **compatible con la capacidad de carga del estante**.

- Usar **carretillas adecuadas para apilamiento alto**, como retráctiles o trilaterales.

- Extremar la precisión al elevar o retirar mercancía.

3. **En exteriores o suelos irregulares:**

- Asegurarse de que el suelo esté **nivelado, limpio y firme**.

- Tener en cuenta la **influencia del viento** en cargas voluminosas o inestables.

Durante las operaciones de carga y descarga, el operador debe estar atento a **síntomas que pueden indicar peligro**:

Síntoma	Posible causa
Inclinación de la carga	Distribución desigual del peso
Ruidos o crujidos al elevar	Palé dañado o mal posicionado
Vibración o balanceo al levantar	Carga no centrada o desplazada
Dificultad para extraer las horquillas	Contacto con estantería o inserción forzada
Oscilación del mástil al elevar	Exceso de peso o mal estado de la carretilla

ⓘ IMPORTANTE

La carga y descarga de mercancías no es una maniobra menor: requiere tanta atención y destreza como la conducción. Ejecutarla de forma incorrecta puede comprometer la seguridad de todo el almacén, provocar accidentes graves y generar pérdidas económicas importantes.

4.9 ELEVACIÓN DE LA CARGA

La **elevación de la carga** es una de las funciones principales de las carretillas elevadoras y, al mismo tiempo, una de las maniobras más delicadas y con mayor potencial de riesgo. La acción de elevar una carga modifica de forma significativa el **centro de gravedad** de la carretilla, compromete su estabilidad y aumenta la posibilidad de **vuelcos, caída de mercancías o pérdida de control**, si no se realiza con la debida precaución y conforme a los procedimientos establecidos.

Por tanto, esta maniobra debe ser ejecutada siempre con **atención, preparación previa y dominio técnico**, adaptándose al tipo de mercancía, la altura requerida y las condiciones del entorno.

Elevar una carga sin aplicar las normas básicas de seguridad puede provocar:

- **Caída de la carga** por falta de equilibrio o mala sujeción.

- **Vuelco de la carretilla** por desplazamiento del centro de gravedad.

- **Golpes a estructuras** como estanterías, vigas o techos.

- **Aplastamiento o atrapamiento de personas cercanas**.

- **Daños en el mástil, las horquillas o la carga**.

Estos riesgos se agravan cuando se elevan **cargas voluminosas, frágiles, mal colocadas o con el mástil ya extendido al máximo**.

Antes de iniciar cualquier movimiento vertical, el operador debe comprobar que se cumplen las siguientes condiciones:

- La **carga está bien centrada** y completamente insertada sobre las horquillas.

- El palé o soporte está **en buen estado estructural** y sin riesgo de rotura.

- La **zona superior está libre de obstáculos**: techos bajos, luminarias, tuberías o elementos colgantes.

- El entorno está **despejado de peatones u otros vehículos**.

- La carretilla está detenida, **alineada y con el freno de servicio aplicado**.

- El mástil está en posición vertical o con **una ligera inclinación hacia atrás**, si procede.

El procedimiento para la elevación segura consiste en:

1. **Detención completa de la carretilla** en el punto de elevación.

2. **Verificación visual** de la carga y el entorno.

3. **Activación del sistema de elevación** de forma **progresiva y suave**.

4. Si es necesario, **ajustar la inclinación del mástil** hacia atrás para estabilizar la carga durante el levantamiento.

5. No sobrepasar la **altura necesaria** ni mantener la carga elevada más tiempo del imprescindible.

6. **Evitar movimientos simultáneos**: no circular mientras se eleva o se baja la carga.

Ejemplo

En un almacén de estanterías metálicas, un operario detiene la carretilla frente a una ubicación de carga en altura. Baja ligeramente las horquillas, las alinea con el hueco, y comienza a elevar la carga con cuidado, observando el mástil y el espacio disponible sobre su cabeza. Una vez colocada la carga, desciende suavemente y retira las horquillas sin golpear la estructura.

La visibilidad del operador puede verse **limitada al elevar cargas voluminosas**, por lo que debe utilizar espejos, cámaras o la ayuda de un segundo operario si es necesario. Además:

▸ A mayor altura, **mayor es la inestabilidad**, por lo que deben **reducirse las maniobras y evitar inclinaciones**.

▼ Si se trabaja con cargas pesadas en altura, debe comprobarse la **capacidad máxima de carga a esa altura**, ya que **la capacidad residual disminuye** al extender el mástil.

A continuación, se describen los efectos de la elevación sobre la estabilidad:

Altura de carga	Centro de gravedad	Estabilidad general
Baja (horquillas recogidas)	Cerca del eje, dentro del triángulo de estabilidad	Alta
Media (elevación parcial)	Se desplaza hacia delante y arriba	Media
Alta (mástil extendido)	Se aleja del eje de equilibrio	Baja – mayor riesgo de vuelco

En conclusión, se debe:

▸ **No utilizar la carretilla como grúa**: está diseñada para elevar cargas centradas, no suspendidas.

▸ **Evitar elevar personas** con la carretilla (prohibido salvo que se use una plataforma homologada con medidas específicas).

▸ **Detenerse completamente** antes de realizar una elevación.

▸ **Evitar vibraciones, aceleraciones o giros** mientras la carga esté en alto.

▸ **No abandonar la carretilla con la carga elevada**: siempre debe depositarse en el suelo o en su ubicación correspondiente.

ⓘ NOTA

Según la normativa de seguridad en equipos de trabajo (RD 1215/1997), el operador es responsable de verificar que la maniobra puede realizarse con seguridad y de interrumpir la operación si detecta cualquier anomalía que comprometa la estabilidad o integridad de la carretilla o la carga.

4.10 AUTOEVALUACIÓN DE LA SECCIÓN

Reflexiona sobre esta afirmación: "Conducir una carretilla elevadora es similar a conducir un coche, por lo que no requiere formación especializada."

¿Estás de acuerdo o en desacuerdo? Fundamenta tu respuesta teniendo en cuenta aspectos como el eje directriz, el centro de gravedad, los riesgos laborales y la normativa vigente.

Un operario accede a la carretilla impulsándose con una sola mano y cargando una carpeta en la otra. Al descender, lo hace girando el cuerpo y apoyando solo un pie, sin utilizar los puntos de sujeción. ¿Qué errores ha cometido? ¿Qué riesgos pueden derivarse de esta forma de acceso y descenso? ¿Cómo debe realizarse correctamente esta acción?

Indica qué harías en los siguientes casos mientras estás en cabina listo para comenzar tu jornada:

a) La luz del testigo de temperatura permanece encendida tras el arranque.

b) El claxon no emite sonido.

c) El freno de estacionamiento está suelto.

Explica cómo afecta cada situación a la seguridad y si fuera correcto iniciar la operación con la carretilla en esas condiciones.

Imagina que debes retirar una carga de una estantería elevada en un pasillo estrecho. Antes de iniciar la maniobra, ¿qué verificaciones debes hacer? ¿Qué velocidad aplicarías? ¿Cómo controlarías la trayectoria y en qué condiciones podrías realizar o no la elevación de la carga?

Durante una operación en el exterior, necesitas subir una rampa pronunciada con una carga voluminosa. Explica cómo debe realizarse esta maniobra teniendo en cuenta:

- Dirección de la carga

- Posición del mástil

- Velocidad de ascenso

- Uso del freno

¿Qué consecuencias tendría hacerlo en sentido contrario?

En tu almacén observas que un compañero circula a velocidad elevada con la carga a más de un metro del suelo, toma curvas sin reducir velocidad y desciende sin frenar del todo. Redacta un breve informe (3-5 líneas) explicando por qué estas prácticas son peligrosas y qué consecuencias pueden acarrear. Propón al menos una medida preventiva.

¿Por qué es obligatorio el uso del cinturón de seguridad incluso para trayectos breves dentro del almacén? ¿Qué función cumple realmente durante un vuelco? ¿Qué consecuencias legales y personales puede tener no utilizarlo?

5

Carga y descarga de mercancías

Las operaciones de **carga y descarga de mercancías** constituyen uno de los momentos más críticos en la gestión logística y en el uso de carretillas elevadoras. Durante estas tareas, la interacción entre la máquina, la carga y el entorno alcanza su punto más delicado, ya que se manipulan pesos elevados, se producen movimientos verticales y horizontales, y se trabaja en zonas de tránsito o en contacto con vehículos de transporte como camiones, contenedores o plataformas elevadas.

La complejidad de estas maniobras exige una **planificación adecuada, dominio técnico por parte del operador y cumplimiento estricto de las normas de seguridad**, ya que cualquier error puede derivar en daños materiales, pérdidas económicas o accidentes graves.

5.1 ESTABILIDAD DE LA CARGA. NOCIONES DE EQUILIBRIO

La **estabilidad de la carga** es un factor determinante en la seguridad y eficacia de las operaciones con carretillas elevadoras. Una carga inestable pone en peligro la integridad de la mercancía y compromete la **estabilidad general de la carretilla**, pudiendo provocar **vuelcos, caídas, daños materiales o accidentes personales**.

Para garantizar una manipulación segura, el operario debe comprender las **nociones básicas de equilibrio** aplicadas a los sistemas mecánicos, así como la forma en que el **peso, el centro de gravedad y la disposición de la carga** influyen en la estabilidad del conjunto.

¿Qué entendemos por estabilidad de la carga?

Una carga se considera estable cuando:

- Su **peso está correctamente distribuido** entre las horquillas.
- Está **firmemente apoyada sobre la superficie** de carga (palé, plataforma, etc.).
- No presenta **riesgo de desplazamiento o inclinación** al elevarse, frenar o girar.
- Su **centro de gravedad** se mantiene dentro del **triángulo de estabilidad** de la carretilla.

Una mala colocación, una carga deformada, una distribución desigual del peso o el uso de un palé dañado pueden hacer que la carga se **desplace, se desestabilice o provoque el vuelco del vehículo**.

Toda carga posee un **centro de gravedad**, que es el punto en el que se concentra su masa. Cuando se transporta con carretilla, el objetivo es que ese centro de gravedad:

- ☞ Esté **lo más cerca posible del mástil**.
- ☞ Se mantenga **dentro de la base de apoyo** de la carretilla.
- ☞ Se sitúe **lo más bajo posible** para reducir el efecto de palanca.

Ejemplo

Un palé con cajas perfectamente apiladas y centradas tiene un centro de gravedad bajo y estable. Si las cajas están mal colocadas, torcidas o sobresalen por un lado, el centro de gravedad se desplazará y hará más

Los factores que afectan a la estabilidad de la carga son:

Factor	Efecto sobre la estabilidad
Distribución desigual del peso	Provoca inclinación, desplazamiento lateral o vuelco
Carga sobredimensionada	Reduce la visibilidad, aumenta la palanca y desplaza el centro de gravedad
Palé en mal estado	Puede ceder durante la elevación y provocar la caída del contenido
Ausencia de filmado o sujeción	Las unidades pueden desplazarse o vibrar al circular
Apilado excesivo	Aumenta la altura del centro de gravedad y reduce la estabilidad
Desplazamiento sobre suelos irregulares	Puede generar oscilaciones y desestabilización progresiva

En este sentido, se debe:

▸ **Centrar la carga entre las horquillas**, sin sobresalir lateralmente.

▸ **No sobrepasar la capacidad máxima de carga** indicada por el fabricante.

▸ **Usar palés en buen estado estructural**.

⬗ **Evitar cargas irregulares o mal apiladas**, redistribuyéndolas si es necesario.

⬗ **Inclinar el mástil ligeramente hacia atrás** cuando se eleve la carga, para mejorar la sujeción.

⬗ **Asegurar las unidades de carga** mediante film estirable, flejes o cantoneras, si es necesario.

ⓘ IMPORTANTE

Una carga puede parecer estable en reposo, pero perder el equilibrio al iniciar un giro o un frenado. La estabilidad debe entenderse en condiciones dinámicas, no solo estáticas.

La mayoría de las carretillas contrapesadas se diseñan sobre lo que se denomina **triángulo de estabilidad**, una zona imaginaria formada por tres puntos de apoyo del vehículo (dos ruedas delanteras y el centro del eje trasero). Mientras el **centro de gravedad combinado** de la carretilla y la carga se mantenga dentro de ese triángulo, la máquina será estable.

Pero si el centro de gravedad se desplaza fuera de ese perímetro —por una carga mal colocada, demasiado pesada o elevada— la carretilla **perderá estabilidad** y puede volcar hacia delante o lateralmente.

Ejemplo

Una carretilla transporta un palé de ladrillos de 1.200 kg. Si las cajas están alineadas y centradas, el transporte es estable. Si se apilan demasiado alto y además sobresalen, por un lado, el centro de gravedad se eleva y se desplaza lateralmente. Al tomar una curva, la carretilla pierde estabilidad y la carga se cae, provocando daños materiales y un posible accidente laboral.

5.2 LEY DE LA PALANCA

La **ley de la palanca** es un principio físico fundamental que se aplica directamente al funcionamiento y al uso seguro de las carretillas elevadoras. Comprender esta ley permite al operario anticipar **cómo influye el peso y su distribución** en la **estabilidad y capacidad de carga de la carretilla**, así como **por qué se producen ciertos riesgos** cuando no se respeta el equilibrio adecuado entre la carga y el vehículo.

Aunque no es necesario dominar la física en profundidad, **entender este concepto en términos prácticos** ayuda a prevenir errores comunes que pueden derivar en **vuelcos, daños a las mercancías o accidentes graves**.

¿Qué dice la ley de la palanca?

La **ley de la palanca**, formulada por Arquímedes, establece que:

Una palanca está en equilibrio cuando el producto del peso por su distancia al punto de apoyo (fulcro) es igual en ambos lados.

Matemáticamente:

Fuerza × distancia = resistencia × distancia

En el caso de una carretilla elevadora, la máquina actúa como **una palanca de primer grado**, donde:

- ▸ El **fulcro o punto de apoyo** es el eje de las ruedas delanteras.

- ▸ La **fuerza resistente** es el peso de la carga (situada delante del fulcro, en las horquillas).

- ▸ La **fuerza motriz** es el contrapeso de la carretilla (situado detrás del fulcro, en la parte trasera del vehículo).

En una carretilla elevadora, la **estabilidad depende del equilibrio entre el peso de la carga y el contrapeso trasero**. Si la carga es demasiado pesada, o si está mal posicionada (más alejada del mástil), su **efecto palanca** aumentará, y podrá superar la fuerza que ejerce el contrapeso. Esto provoca que **la carretilla tienda a bascular hacia delante y volcar**.

Ejemplo

Imaginemos una balanza con un peso de 1.000 kg colocado a 600 mm de distancia del fulcro. Para equilibrarla, podríamos poner 1.200 kg a 500 mm en el otro extremo. En una carretilla, si el peso de la carga se coloca más lejos del mástil (por ejemplo, en palés más largos o cargas mal colocadas), se multiplica su capacidad de hacer volcar el vehículo.

¿Qué influye en el efecto palanca?

1. **Peso de la carga**: cuanto mayor es el peso, mayor es el momento que ejerce sobre el fulcro.

2. **Distancia del centro de carga**: cuanto más alejado esté del mástil, más palanca hace y más inestable resulta.

3. **Altura de elevación**: al subir la carga, el centro de gravedad asciende y se aleja del fulcro, aumentando el riesgo de vuelco.

4. **Posición del mástil**: si el mástil se inclina hacia delante, se incrementa la distancia efectiva del centro de carga respecto al fulcro.

5.2.1 El centro de carga

En la práctica, se utiliza el concepto de **centro de carga nominal**, que es la **distancia desde la cara interna de las horquillas hasta el centro de gravedad de la carga**. En carretillas estándar, este valor suele ser de **500 mm**, pero puede variar según el tipo de carga o el diseño del palé.

Si la carga excede esta distancia, aunque no supere el peso nominal, puede **superar el par de equilibrio y desestabilizar la carretilla**.

Las carretillas tienen una **capacidad nominal** determinada por el fabricante, que define el **peso máximo que pueden elevar de forma segura**, **siempre que el centro de carga se mantenga dentro de un valor específico**.

Ejemplo

Una carretilla con capacidad nominal de 2.000 kg a 500 mm puede levantar un palé de ladrillos de ese peso siempre que esté bien centrado. Si se usan horquillas más largas y el centro de carga pasa a 700 mm, esa misma carga puede hacer que la carretilla vuelque, a pesar de no superar el peso nominal.

Se debe:

- ▸ **Colocar siempre la carga lo más cerca posible del mástil**.
- ▸ **No usar horquillas demasiado largas** si no son necesarias.
- ▸ **Evitar transportar cargas que sobresalgan o estén descompensadas**.
- ▸ **Conocer y respetar la capacidad nominal de la carretilla** en función del centro de carga.
- ▸ **Consultar la placa de características** de la máquina, que indica la capacidad residual en distintas alturas y distancias.

> ### ⓘ IMPORTANTE
>
> Una mala interpretación de la capacidad de carga, ignorando el efecto de la ley de la palanca, es una de las principales causas de vuelco frontal en carretillas elevadoras.

5.3 CENTRO DE GRAVEDAD DE LA CARGA

El **centro de gravedad de la carga** es un concepto fundamental en la manipulación segura de mercancías con carretillas elevadoras. Entender su comportamiento es esencial para garantizar la **estabilidad del conjunto carretilla-carga** y prevenir accidentes, especialmente **vuelcos o caídas de mercancías** durante el transporte, la elevación o el giro.

El centro de gravedad puede definirse como **el punto teórico en el que se concentra el peso de un cuerpo**. En el caso de una carga, se trata del punto donde el peso está equilibrado en todas las direcciones. Su posición varía en función de **la forma, la densidad, la disposición y la homogeneidad** de los materiales que componen la carga.

¿Dónde se sitúa el centro de gravedad de una carga?

En una carga **regular y simétrica**, como una caja cúbica homogénea, el centro de gravedad suele situarse **en el centro geométrico** del volumen. Sin embargo, en cargas **asimétricas, irregulares o con componentes de diferente densidad**, el centro de gravedad puede **desplazarse lateralmente, hacia arriba o hacia un extremo**.

Ejemplo

Una caja que contiene piezas metálicas pesadas a un lado y espuma al otro tendrá un centro de gravedad más cercano a la zona metálica. Si se manipula como si fuera homogénea, tenderá a volcar o a girar de forma imprevista.

El centro de gravedad influye directamente en la **distribución del peso sobre las horquillas** y en el **comportamiento dinámico de la carretilla**. Cuanto más alejado esté el centro de gravedad del mástil, **mayor será el momento de fuerza que actúa sobre el eje delantero**, y menor la estabilidad del conjunto.

El centro de gravedad de la carga, junto al de la carretilla, determina el **centro de gravedad combinado**. Para que el conjunto sea estable, este centro de gravedad combinado debe **permanecer dentro del triángulo de estabilidad** de la carretilla.

Los factores que afectan a la posición del centro de gravedad son:

Factor	Efecto sobre el centro de gravedad
Forma irregular de la carga	Desplazamiento lateral o vertical del centro de gravedad
Carga mal distribuida o apilada	Aumento de altura y desplazamiento hacia un lado
Uso de horquillas demasiado largas	Aumento de la distancia respecto al mástil
Cargas con líquido no inmovilizado	Centro de gravedad inestable que puede desplazarse en movimiento
Carga sobresaliente por un lado	Desplaza el centro de gravedad fuera del eje de la carretilla

Las consecuencias de un centro de gravedad mal gestionado son:

▸ **Caída de la mercancía** al elevarse, inclinarse o girar.

▸ **Vuelco frontal** de la carretilla si el centro de gravedad se aleja demasiado.

▸ **Descompensación lateral** que puede generar vuelco lateral.

▸ **Mayor dificultad para controlar la máquina** en desplazamientos y maniobras.

▸ **Daños materiales y riesgo para la integridad física del operario**.

¿Cómo se debe gestionar correctamente el centro de gravedad?

▸ **Identificar visualmente la forma de la carga** y prever su comportamiento.

▸ **Colocar la carga siempre lo más pegada posible al mástil**, con el centro de gravedad centrado entre las horquillas.

- **Ajustar las horquillas en anchura** para proporcionar un soporte equilibrado.

- **Inclinar ligeramente el mástil hacia atrás** durante el transporte para estabilizar el conjunto.

- **Evitar cargas inclinadas o mal paletizadas**, redistribuyendo el peso antes de su manipulación.

Ejemplo

Un operario debe transportar un palé con bobinas metálicas desplazadas hacia el lado derecho. Antes de levantarlo, ajusta las horquillas para equilibrar la carga, la aproxima al mástil e inclina ligeramente el mástil hacia atrás. De este modo, el centro de gravedad se mantiene dentro del eje de la carretilla, evitando movimientos laterales o caída.

El operador debe comprender que el centro de gravedad no siempre coincide con el centro físico de la carga. Una observación visual cuidadosa y una aproximación conservadora son claves para tomar decisiones seguras.

5.4 PÉRDIDA DE ESTABILIDAD DE LA CARRETILLA

La **pérdida de estabilidad de la carretilla elevadora** es una de las causas más frecuentes de accidentes graves en operaciones de carga y descarga. Cuando una carretilla pierde su equilibrio, puede **volcar, provocar la caída de la carga, golpear estructuras o atropellar personas**, con consecuencias materiales y personales de gran alcance.

Esta pérdida de estabilidad se produce cuando el **centro de gravedad combinado de la carretilla y su carga** se **desplaza fuera del triángulo de estabilidad** del vehículo. Para prevenirlo, es imprescindible conocer **cómo y por qué se altera la estabilidad**, así como aplicar las medidas correctas durante el trabajo diario.

¿Qué es el triángulo de estabilidad?

El **triángulo de estabilidad** es una representación teórica que define la **zona segura** dentro de la cual debe mantenerse el centro de gravedad para que la carretilla sea estable. Está formado por:

▼ **Dos puntos en el eje delantero** (las ruedas).

▼ **Un punto central en el eje trasero**, que suele ser pivotante y directriz.

Mientras el centro de gravedad se mantenga dentro de este triángulo, la carretilla **no volcará**. Si se desplaza fuera por el peso, la altura, la posición de la carga o una maniobra brusca, el vuelco es **probable o inevitable**.

Las principales causas de pérdida de estabilidad son:

1. **Carga mal posicionada o desplazada**: si el peso no está centrado o está demasiado alejado del mástil, se genera una fuerza de palanca que puede hacer que la carretilla bascule hacia delante.

2. **Sobrecarga**: superar la capacidad nominal de la carretilla reduce su capacidad de equilibrar el peso y aumenta el riesgo de vuelco frontal.

3. **Elevación excesiva de la carga durante la marcha**: al elevar una carga, el centro de gravedad asciende. Si además se circula, se incrementa la inestabilidad, sobre todo al girar o frenar.

4. **Giros bruscos a velocidad elevada**: la fuerza centrífuga desplaza el centro de gravedad lateralmente, lo que puede provocar **vuelco lateral**, especialmente si se transporta carga elevada.

5. **Pendientes o superficies irregulares**: circular por una rampa con la carga orientada cuesta abajo o transitar sobre suelos irregulares puede hacer que el centro de gravedad se desplace peligrosamente.

6. **Uso indebido del mástil**: inclinar el mástil hacia delante con carga elevada aumenta la palanca y reduce el margen de estabilidad.

Ejemplo

Un operario transporta un palé de sacos de cemento a gran altura por un pasillo. Gira ligeramente a la izquierda sin reducir la velocidad. La carga, muy elevada y mal sujeta, desplaza el centro de gravedad fuera del triángulo de estabilidad. La carretilla vuelca lateralmente, derramando la carga y causando daños en la estantería.

Algunas señales que pueden advertir pérdida de estabilidad son las siguientes:

Síntoma	Interpretación
Oscilación o balanceo del mástil	Centro de gravedad alto o carga mal distribuida
Sensación de "ligereza" en la parte trasera	El contrapeso no compensa el peso elevado en las horquillas
Movimiento lateral excesivo al girar	Carga mal posicionada o exceso de velocidad en la maniobra
Inclinación perceptible del chasis	Carga lateral, suelo irregular o sobrecarga

A continuación, se describen medidas para evitar la pérdida de estabilidad:

- **Mantener siempre la carga baja durante el desplazamiento**.

- **Evitar sobrepasar la capacidad nominal** de la carretilla.

- **Reducir la velocidad en curvas, rampas o giros cerrados**.

- **No inclinar el mástil hacia delante con la carga elevada**.

- **Evitar suelos en mal estado o rampas pronunciadas** sin preparación previa.

- **Usar siempre el cinturón de seguridad**, que evita expulsarse en caso de vuelco.

- **Centrar correctamente el peso sobre las horquillas**, sin que sobresalga.

> **ⓘ NOTA**
>
> La pérdida de estabilidad suele ser consecuencia de una combinación de factores. Por ejemplo, una carga alta y desplazada, más una curva tomada con rapidez, puede resultar en un vuelco, aunque el peso esté dentro del límite permitido.

¿Cuáles son las diferencias entre vuelco frontal y lateral?

Tipo de vuelco	Causa principal	Cómo evitarlo
Frontal	Carga demasiado adelantada o sobrepeso	Centrando la carga, respetando la capacidad nominal
Lateral	Giro brusco, carga elevada o suelo irregular	Velocidad reducida, carga baja, atención al entorno

5.5 EVITACIÓN DE VUELCOS TRANSVERSALES O LONGITUDINALES

Los **vuelcos de carretillas elevadoras** representan uno de los **accidentes más peligrosos y frecuentes** en el ámbito de la logística y el manejo de mercancías. Estos vuelcos pueden ser **longitudinales** (hacia delante o hacia atrás) o **transversales** (hacia un lado), y en ambos casos pueden ocasionar **daños materiales severos, lesiones graves o incluso la muerte del operador**, especialmente si no se utilizan correctamente los sistemas de retención como el cinturón de seguridad.

Evitar este tipo de accidentes implica comprender **por qué se producen** y cómo **la acción del operador influye directamente** en la estabilidad de la carretilla. El comportamiento físico de estos vehículos, condicionado por su diseño y centro de gravedad, requiere un manejo muy diferente al de otros vehículos de ruedas.

5.5.1 Vuelco longitudinal

El **vuelco longitudinal** se produce cuando la carretilla pierde el equilibrio hacia **adelante o hacia atrás**, normalmente por exceso de peso en las horquillas, un uso inadecuado del mástil o una carga mal posicionada.

Las principales causas son:

- Carga demasiado **alejada del mástil**, lo que genera un efecto palanca.
- **Sobrecarga** que supera la capacidad nominal del equipo.
- **Frenado brusco** con la carga elevada.
- **Inclinación del mástil hacia delante** con la carga en altura.
- **Circulación cuesta abajo con la carga orientada hacia delante**.

¿Cómo evitarlo?

▶ Mantener siempre la **carga cerca del mástil** y centrada.

▶ **No superar la capacidad máxima de carga** indicada en la placa de características.

▶ En pendientes, **subir y bajar con la carga orientada hacia arriba**.

▶ Evitar frenar bruscamente con cargas pesadas o elevadas.

▶ No operar con el mástil inclinado hacia delante salvo para depositar la carga, y únicamente cuando esta esté a baja altura.

5.5.2 Vuelco transversal

El **vuelco transversal** es más habitual que el longitudinal y ocurre cuando la carretilla **pierde la estabilidad lateralmente**, ya sea al tomar una curva, girar bruscamente o circular sobre superficies irregulares con la carga elevada.

En este caso, las principales causas son las siguientes:

▶ **Giros cerrados o veloces**, especialmente con carga.

▶ **Elevación excesiva de la carga** durante el desplazamiento.

▶ **Carga descentrada** o asimétrica.

▶ **Falta de atención al eje directriz trasero**, que genera barrido lateral.

▶ **Suelo desnivelado o con pendientes laterales**.

Se debe:

▶ **Reducir la velocidad antes de tomar curvas** y giros.

▶ **Circular siempre con la carga lo más baja posible**.

▶ Comprobar que la carga esté **centrada entre las horquillas**.

- ➤ **Evitar maniobras bruscas**, especialmente giros con carga elevada.

- ➤ En suelos inclinados, **evitar desplazamientos laterales** con la carga elevada.

- ➤ Asegurar siempre el uso del **cinturón de seguridad**, ya que evita que el operario salga despedido en caso de vuelco.

A continuación, se exponen las diferencias y prevención comparada:

Tipo de vuelco	Causa típica	Prevención principal
Longitudinal frontal	Carga adelantada, inclinación del mástil	Carga pegada al mástil, mástil vertical
Longitudinal trasero	Carga muy ligera con mástil hacia atrás	No inclinar excesivamente sin carga
Transversal (lateral)	Giro brusco con carga elevada	Velocidad reducida, carga baja y centrada

Ejemplo

Un operario transporta una carga ligera pero voluminosa a gran altura. En un pasillo estrecho, gira con rapidez para evitar un obstáculo. La combinación de velocidad, carga elevada y giros con eje trasero provoca el desplazamiento del centro de gravedad fuera del triángulo de estabilidad, y la carretilla vuelca hacia un lado. Gracias al uso del cinturón de seguridad y la cabina protectora, el operario no sufre lesiones, pero el material queda dañado.

En caso de inestabilidad o inminente vuelco, el operario nunca debe intentar saltar fuera de la carretilla. La zona más segura es dentro de la cabina, sujeto con el cinturón y protegido por la estructura antivuelco.

Por último, se resumen algunas buenas prácticas generales para evitar vuelcos:

▼ Conducir a velocidad moderada y con atención constante al entorno.

▼ No girar con la carga elevada o descentrada.

▼ Conocer la **capacidad residual de carga** a diferentes alturas.

▼ Planificar los trayectos evitando pendientes o suelos comprometidos.

▼ Aplicar siempre una **conducción progresiva, sin movimientos bruscos**.

▼ Realizar maniobras con la máxima **suavidad y precisión técnica**.

5.6 COMPORTAMIENTO DINÁMICO Y ESTÁTICO DE LA CARRETILLA CARGADA

El **comportamiento de una carretilla elevadora cargada** varía considerablemente en función de si se encuentra en reposo (**estado estático**) o en movimiento (**estado dinámico**). Comprender estas diferencias es esencial para operar con seguridad, ya que una carretilla cargada puede parecer estable en parado pero volverse inestable o impredecible en circulación si no se respetan los principios físicos básicos que afectan a su funcionamiento.

Estos dos estados —**estático y dinámico**— implican **diferentes tipos de fuerzas**, que influyen en el **equilibrio, la maniobrabilidad, la adherencia al suelo y la estabilidad general del conjunto carretilla-carga**.

5.6.1 Comportamiento estático

La carretilla se encuentra en estado estático cuando está **detenida**, ya sea con o sin carga. En este estado, las **fuerzas que actúan sobre la carretilla están en equilibrio**, lo que permite mantener la estabilidad si las condiciones básicas se cumplen.

Las características del estado estático son:

▸ El **centro de gravedad** está completamente contenido dentro del **triángulo de estabilidad**.

▸ La carga **descansa sobre las horquillas sin desplazamiento**.

▸ No existen **fuerzas de inercia ni de aceleración**.

▸ Si la carga está correctamente colocada y no sobrepasa los límites del fabricante, el conjunto es **estable y seguro**.

En esta situación, los riesgos solo aparecen si:

▸ La carga está **mal posicionada** (muy adelantada o lateralizada).

▸ El **suelo no es firme o está inclinado**.

▸ Hay **fallos en el freno de estacionamiento**, provocando deslizamientos.

Ejemplo

Una carretilla permanece detenida en un muelle de carga con un palé de sacos de harina. Mientras el mástil está en posición vertical y las horquillas bajadas, no hay riesgo. Si el suelo es plano y el freno está aplicado, la estabilidad es total.

5.6.2 Comportamiento dinámico

El comportamiento dinámico se refiere a la carretilla **en movimiento**, ya sea durante el transporte de la carga, el giro, la frenada o la elevación. En este estado, la estabilidad se ve afectada por **fuerzas adicionales** como la **inercia, la aceleración, la fuerza centrífuga y la acción del freno**.

Algunos cambios relevantes en el estado dinámico son:

1. **Desplazamiento del centro de gravedad:**
   - Al girar, acelerar o frenar, el centro de gravedad **se desplaza** dentro del conjunto.
   - Si se aleja demasiado del eje de equilibrio, puede salir del triángulo de estabilidad.

2. **Inercia de la carga:**
   - La carga tiende a **mantener su estado de movimiento**. Si el operador gira bruscamente, la carga puede desplazarse o inclinarse, provocando vuelcos o caídas.

3. **Aumento del momento de vuelco:**
   - A mayor velocidad y altura de carga, mayor será el efecto palanca, especialmente en giros y pendientes.

4. **Reducción de la adherencia de las ruedas:**
   - En frenadas bruscas o suelos deslizantes, las ruedas pueden perder tracción, lo que compromete el control del vehículo.

Ejemplo

Una carretilla transporta una carga pesada a velocidad elevada por un pasillo. Al tomar una curva sin reducir la velocidad, la fuerza centrífuga desplaza el centro de gravedad hacia el exterior, y la carretilla comienza a inclinarse hasta volcar lateralmente.

A continuación, se expone una comparativa entre estado estático y dinámico:

Aspecto	Estado estático	Estado dinámico
Centro de gravedad	Estable, dentro del triángulo	Variable, puede desplazarse fuera de los límites
Fuerzas externas	Solo gravedad	Gravedad + inercia + aceleración + fuerza centrífuga
Riesgo de vuelco	Bajo (si el suelo y la carga están bien colocados)	Alto (especialmente en curvas, frenadas o pendientes)
Influencia de la carga	Directa, pero sin efectos adicionales	Amplificada por el movimiento
Requiere acción del operario	Mínima (control pasivo)	Alta (decisiones activas en todo momento)

Se resumen algunos consejos para una conducción segura en estado dinámico:

- **Reducir la velocidad antes de curvas o cambios de dirección**.

- **No elevar la carga mientras se circula**.

- **Evitar aceleraciones o frenadas bruscas**, especialmente con carga elevada.

- **Circular con la carga inclinada ligeramente hacia atrás**, lo que ayuda a estabilizarla.

- **Comprobar que la carga está bien sujeta y centrada** antes de mover la carretilla.

- En descensos, **usar el freno motor o eléctrico**, y mantener una velocidad constante y controlada.

> **ⓘ NOTA**
>
> Muchos operadores novatos se sienten seguros con una carretilla cargada en reposo, pero ignoran que el verdadero peligro aparece en movimiento. La carga puede comportarse de forma imprevisible si no se considera cómo actúan las fuerzas dinámicas sobre ella.

5.7 COLOCACIÓN INCORRECTA DE LA CARGA EN LA CARRETILLA. SOBRECARGA

Una **colocación incorrecta de la carga** o una **sobrecarga** de la carretilla elevadora son errores comunes y extremadamente peligrosos en el entorno logístico e industrial. Ambos factores afectan directamente a la **estabilidad del vehículo**, alteran el comportamiento de la máquina y pueden derivar en **vuelcos, caídas de mercancías, daños materiales o accidentes laborales graves**.

A menudo, estos errores no se producen por desconocimiento de la normativa, sino por **malas prácticas consolidadas, exceso de confianza o presión operativa** para reducir tiempos de trabajo. Por ello, es imprescindible conocer **las consecuencias físicas de una mala distribución del peso** y respetar los límites estructurales de la carretilla.

Cuando la carga **no está correctamente posicionada** sobre las horquillas, se rompe el equilibrio del conjunto carretilla-carga. Esta situación puede producirse por múltiples motivos:

- **Carga descentrada** lateralmente, que desplaza el centro de gravedad hacia un lado.

- **Carga demasiado adelantada**, alejada del mástil, lo que genera un mayor momento de fuerza sobre el eje delantero.

- **Carga mal apilada o inestable**, con riesgo de caída durante el movimiento.

▶ **Carga inclinada**, que puede desestabilizarse con la vibración o el giro.

▶ **Carga mal sujeta**, sin flejes, cantoneras o film estirable.

Ejemplo

Un operario recoge un palé de cajas que sobresalen por la izquierda de las horquillas. Al elevarlo y tomar una curva, el desplazamiento lateral del centro de gravedad provoca una inclinación que la carretilla no puede compensar. El vehículo pierde estabilidad y vuelca.

Se considera **sobrecarga** cualquier carga que **supera la capacidad nominal de la carretilla**, o que, sin superarla en peso, **la excede en términos de configuración** (por ejemplo, por tener un centro de gravedad alejado del mástil).

Las carretillas disponen de una **placa de características** que indica:

▶ Capacidad máxima de carga.

▶ Centro de carga nominal (normalmente 500 mm).

▶ Capacidad residual según altura de elevación.

Superar estos valores compromete la **integridad estructural de la máquina** y su capacidad para mantener el equilibrio.

Los efectos de la sobrecarga son los siguientes:

▶ Vuelco frontal de la carretilla.

▶ Rotura del mástil o deformación de las horquillas.

▶ Imposibilidad de frenar o maniobrar con seguridad.

▶ Sobreesfuerzo del motor y los sistemas hidráulicos.

▶ Reducción drástica de la capacidad de elevación a medida que se sube la carga.

Aspecto	Sobrecarga	Mala colocación
Peso total excedido	Sí	No necesariamente
Centro de carga adecuado	Puede estar bien	No, suele estar desplazado
Consecuencias	Vuelco frontal, fallo estructural	Vuelco lateral, caída de mercancía
Solución	Usar carretilla de mayor capacidad	Reposicionar o reembalar la carga correctamente

Por lo tanto, se debe:

▼ **Centrar siempre la carga** entre las horquillas.

▼ **Ajustar la distancia entre horquillas** para adaptarse al tamaño del palé.

▼ **No transportar cargas con sobresalientes laterales** o mal apiladas.

▼ **No elevar cargas mal equilibradas o sujetas**.

▼ **Verificar la placa de características** antes de elevar mercancías pesadas o de forma irregular.

▼ **Utilizar implementos adecuados** para cargas especiales (pinzas, extensiones, soportes).

▼ **No confiarse del peso aparente**: el volumen no siempre refleja la carga real.

ⓘ NOTA

La mayoría de las carretillas elevadoras permiten elevar menos carga a medida que se incrementa la altura de elevación. Esta reducción de capacidad se denomina capacidad residual, y debe respetarse estrictamente para evitar situaciones de sobrecarga encubierta.

Una **formación técnica adecuada del operador** es clave para evitar estos errores. Además:

▸ Las empresas deben **establecer protocolos de carga y verificación visual**.

▸ Los supervisores deben **corregir malas prácticas** que se repitan o se consideren "tolerables".

▸ La **implementación de sistemas de pesaje integrados en la carretilla** puede ser una medida eficaz para evitar sobrecargas no intencionadas.

5.8 MODOS DE COLOCACIÓN DE LAS MERCANCÍAS EN LAS ESTANTERÍAS

La **colocación correcta de las mercancías en las estanterías** es una tarea esencial dentro de la gestión del almacén, ya que influye directamente en la **seguridad, accesibilidad, aprovechamiento del espacio, integridad del producto y eficiencia operativa**. Una mala colocación entorpece las operaciones logísticas y puede provocar **derrumbes de carga, accidentes con carretillas, caídas de mercancía o deterioro del material almacenado**.

El operador de carretillas elevadoras debe conocer **los principios básicos de apilado y almacenamiento**, así como las **características estructurales de las estanterías**, el tipo de carga y los métodos adecuados de inserción y retirada de palés.

Antes de almacenar una mercancía en estantería, deben considerarse varios aspectos:

- ▶ **Tipo de mercancía**: forma, volumen, peso, fragilidad.

- ▶ **Tipo de estantería**: convencional, de pasillo estrecho, dinámica, cantiléver, etc.

▼ **Peso por nivel**: límite de carga permitido por la estructura.

▼ **Rotación del producto**: si se requiere acceso frecuente (FIFO, LIFO, etc.).

▼ **Altura disponible y tipo de carretilla**: para determinar el alcance y maniobrabilidad.

A continuación, se describen los modos de colocación habituales.

5.8.1 Colocación directa sobre largueros (paletización convencional)

Es el método más extendido en estanterías metálicas industriales. La carga se coloca directamente **sobre los largueros horizontales**.

▼ **Ventajas**: estable, fácil de inspeccionar, permite rápida carga y descarga.

▼ **Precauciones**:
- Centrar el palé sobre los largueros.
- No dejar espacio excesivo entre la mercancía y el borde.
- Verificar que el palé está en buen estado y no sobresale.

5.8.2 Apilamiento en bloque (sin estantería)

Consiste en colocar los palés **unos sobre otros**, directamente sobre el suelo o entre sí.

▸ **Usos**: mercancías uniformes y resistentes (sacos, cajas cerradas).

▸ **Precauciones**:

- No sobrepasar la capacidad de compresión de los niveles inferiores.

- Alinear perfectamente las cargas.

- Limitar la altura para evitar riesgo de colapso.

5.8.3 Colocación en estanterías dinámicas o por gravedad

Utiliza rodillos inclinados para que la carga avance por sí sola hacia el frente. Muy útil en sistemas **FIFO**.

▸ **Precauciones**:

- No colocar productos frágiles sin separadores.

- Controlar la velocidad de deslizamiento con frenos o retenedores.

- Verificar que la inclinación esté correctamente ajustada.

5.8.4 Almacenamiento cantiléver

Estanterías para **materiales largos o voluminosos**, como tubos o perfiles metálicos.

▸ **Precauciones**:

- Distribuir el peso entre brazos de soporte.

- Usar sistemas de sujeción si la mercancía puede rodar o desplazarse.

A modo general, se debe:

- ▶ **Comprobar que el hueco de la estantería es adecuado para la carga.**

- ▶ **No forzar la entrada del palé**: puede dañar tanto la estantería como el producto.

- ▶ **Alinear la carretilla completamente antes de elevar la carga.**

- ▶ **Depositar la carga suavemente**, sin dejarla caer ni empujarla con fuerza.

- ▶ **Mantener siempre la carga centrada** en la estructura de apoyo.

- ▶ **No dejar espacios excesivos** entre cargas contiguas, ya que dificulta el acceso y puede crear zonas inestables.

Las señales de colocación incorrecta son:

Síntoma	Riesgo asociado
Palé sobresale de los largueros	Posible caída al ser golpeado o por vibración
Palé desalineado con la estructura	Riesgo de desplome, inestabilidad al retirar
Hueco ocupado parcialmente	Dificultad para retirar sin dañar mercancía
Altura excesiva sin sujeción	Desplome por vibraciones o impacto accidental
Palés deformados o rotos	Inestabilidad estructural en todos los niveles

Ejemplo

En un almacén de distribución, un operador deposita un palé de bebidas en la segunda altura de una estantería convencional. Antes de elevar la carga, verifica el estado del palé y se asegura de que las horquillas están niveladas y centradas. Deposita suavemente el palé, asegurándose de que no sobresalga. Al final del turno, la estantería sigue completamente alineada y segura para el siguiente ciclo.

Por último, se describen los puntos que definen la importancia de la señalización y mantenimiento de estanterías:

- **Etiquetar cada ubicación con el peso máximo admisible** por nivel.

- **Inspeccionar periódicamente las estructuras metálicas** para detectar abolladuras o desviaciones.

▼ **Señalizar zonas de paso y zonas prohibidas al tránsito peatonal** bajo niveles altos de carga.

▼ **Retirar de inmediato palés en mal estado o productos mal apilados**.

5.9 AUTOEVALUACIÓN DE LA SECCIÓN

¿Por qué es importante que el operador conozca el centro de gravedad de una carga antes de moverla? ¿Qué puede ocurrir si se manipula una carga cuyo peso está desplazado hacia uno de sus extremos? Relaciona tu respuesta con la estabilidad de la carretilla y la seguridad del entorno.

Una carretilla tiene una capacidad nominal de 2.000 kg con un centro de carga de 500 mm. Un palé contiene piezas metálicas que pesan 1.700 kg, pero está mal paletizado y el centro de gravedad se encuentra a 750 mm. Analiza si es seguro levantar esa carga y explica tu razonamiento en base al principio de la ley de la palanca.

Durante una operación de descarga, el mástil de la carretilla se inclina ligeramente hacia delante y la carga está elevada. Además, el suelo presenta una leve inclinación hacia la izquierda. Identifica los riesgos presentes en esta situación y explica qué acciones inmediatas deberían tomarse para evitar un accidente.

Explica con tus palabras la diferencia entre el comportamiento estático y dinámico de una carretilla cargada. ¿Qué precauciones específicas se deben tener en cuenta al pasar de un estado a otro? Cita al menos dos situaciones donde la dinámica de la carretilla cambia de forma significativa.

Un operario realiza cargas en estanterías elevadas sin bajar la velocidad de desplazamiento ni reducir la altura de la carga al circular. También deja la carga ligeramente sobresalida hacia el pasillo. Analiza esta conducta e indica tres riesgos derivados de estas acciones. ¿Qué normas debería aplicar este operario para corregir su forma de trabajar?

Tienes que colocar 10 palés de diferentes productos en una estantería convencional. Algunos productos son frágiles, otros voluminosos, y algunos de mayor rotación. Indica cómo organizarías su colocación teniendo en cuenta la seguridad, la eficiencia de acceso y la estructura de la estantería. Justifica tu decisión.

Enumera al menos tres causas que pueden provocar un vuelco longitudinal y tres que pueden provocar un vuelco transversal durante una maniobra de carga. Para cada una, sugiere una medida concreta de prevención.

Resumen

El presente manual aborda de forma completa, técnica y didáctica la manipulación de cargas con carretillas elevadoras, proporcionando los conocimientos necesarios para operar con seguridad, eficacia y responsabilidad en entornos logísticos e industriales. A lo largo de su contenido, se explican los principios físicos fundamentales implicados en la manipulación de mercancías, tales como el equilibrio, la ley de la palanca y el centro de gravedad, así como los factores que afectan a la estabilidad del conjunto carretilla-carga, tanto en estado estático como dinámico. Se analizan las maniobras de carga, descarga, elevación, frenado, circulación y aparcado, detallando los procedimientos correctos y los errores más frecuentes que pueden derivar en accidentes graves, como vuelcos transversales o longitudinales.

El manual también profundiza en la tipología de cargas, embalajes y paletizaciones, y en la forma adecuada de preparar y asegurar las mercancías antes de su manipulación. Se presta especial atención al mantenimiento preventivo de las carretillas, a los indicadores de funcionamiento y a los sistemas de seguridad activa y pasiva, como el uso obligatorio del cinturón de seguridad, la posición del mástil, las señales acústicas y visuales, o el papel de la cabina protectora.

Asimismo, se explican las normas de circulación, la importancia de la velocidad adecuada, la correcta trazada de las trayectorias y la adaptación a diferentes condiciones del entorno, como rampas, suelos irregulares o zonas con tráfico peatonal. Se desarrolla el marco legal que regula la manipulación de mercancías y se incide en las medidas de prevención de riesgos laborales, integrando la normativa española y comunitaria.

Por último, se abordan los criterios para una correcta organización del almacén, incluyendo la documentación necesaria para el transporte de mercancías, la simbología empleada en los medios de carga, y las mejores prácticas para el almacenamiento y la colocación de mercancías en estanterías, respetando las capacidades estructurales y los principios de seguridad. En su conjunto, el manual proporciona una guía detallada para la formación técnica del operador de carretillas, combinando fundamentos teóricos con recomendaciones prácticas, con el fin de reducir la siniestralidad y mejorar el rendimiento en las operaciones logísticas.

Glosario

- **Aceleración:** cambio de velocidad de la carretilla en un determinado intervalo de tiempo. Una aceleración brusca puede comprometer la estabilidad del vehículo y la carga.

- **Apilamiento:** técnica de colocación de mercancías en niveles verticales, ya sea directamente unas sobre otras o en estanterías. Requiere considerar la resistencia del material inferior y la distribución del peso.

- **Carga nominal:** peso máximo que una carretilla puede transportar y elevar de forma segura, según especificaciones del fabricante y con el centro de carga situado a una distancia determinada (normalmente 500 mm).

- **Carga residual:** capacidad máxima de carga que puede soportar la carretilla a diferentes alturas y distancias del centro de carga. Siempre es inferior a la carga nominal cuanto más alto se eleva el mástil.

- **Centro de carga:** distancia desde la cara interna de las horquillas hasta el centro de gravedad de la carga. Fundamental para calcular la estabilidad del conjunto y evitar el vuelco frontal.

- **Centro de gravedad:** punto en el que se concentra el peso total de un cuerpo o sistema (carretilla + carga). Si este punto se desplaza fuera del triángulo de estabilidad, se compromete el equilibrio.

- **Contrapeso:** masa ubicada en la parte trasera de la carretilla contrapesada, cuya función es compensar el peso de la carga situada en las horquillas.

▼ **Desplazamiento lateral:** función hidráulica de algunas carretillas que permite mover horizontalmente las horquillas sin necesidad de mover todo el vehículo, facilitando la colocación precisa de la carga.

▼ **Estabilidad:** capacidad de la carretilla de mantenerse en equilibrio mientras transporta o eleva una carga. Puede ser estática (en reposo) o dinámica (en movimiento).

▼ **Estantería dinámica:** sistema de almacenamiento compuesto por rodillos inclinados que permiten el desplazamiento de los palés por gravedad. Utilizado comúnmente para sistemas FIFO.

▼ **Frenado regenerativo:** sistema de frenado en carretillas eléctricas que convierte la energía cinética en electricidad para recargar parcialmente la batería durante la frenada.

▼ **Horquillas:** brazos metálicos de la carretilla sobre los que se colocan los palés o mercancías. Deben ajustarse en longitud y separación según el tipo de carga.

▼ **Indicadores de control:** paneles visuales que informan sobre el estado de la carretilla: nivel de batería, mantenimiento, sobrecarga, temperatura del motor, etc.

▼ **Inercia:** tendencia de un cuerpo a mantener su estado de movimiento. Al frenar o girar, la carga puede seguir desplazándose si no está bien sujeta.

▼ **Ley de la palanca:** principio físico según el cual el momento de fuerza es el producto del peso por la distancia al fulcro. En carretillas, explica la relación entre el peso de la carga y su posición respecto al mástil.

▼ **Mástil:** estructura vertical de la carretilla que permite el movimiento ascendente y descendente de las horquillas. Puede ser de uno, dos o tres cuerpos telescópicos.

▼ **Medios de transporte internos:** equipos utilizados para mover mercancías dentro de las instalaciones, como transpaletas, carretillas elevadoras, apiladores, etc.

- **Paletización:** proceso de agrupar mercancías sobre un palé para facilitar su transporte y almacenamiento. Existen distintos tipos según el tipo de carga y la disposición.

- **Placa de características:** elemento obligatorio situado en la carretilla que indica la capacidad nominal, el centro de carga, las alturas de elevación y otras especificaciones técnicas.

- **Rampa niveladora:** plataforma móvil que permite igualar el nivel entre el suelo y un camión, facilitando las operaciones de carga y descarga.

- **Retención de carga:** sistema o técnica que impide el desplazamiento de la mercancía durante el transporte, mediante film, flejes, cantoneras o contenedores específicos.

- **ROPS (Roll Over Protective Structure):** estructura de protección contra vuelcos que protege al operador en caso de que la carretilla pierda la estabilidad.

- **Señales acústicas y visuales:** dispositivos como luces intermitentes, alarmas de marcha atrás, proyectores LED, etc., que advierten sobre la presencia o maniobras de la carretilla.

- **Sistema hidráulico:** conjunto de componentes encargados de generar presión para elevar, inclinar o desplazar las horquillas y el mástil.

- **Sobrecarga:** situación en la que la carga transportada excede la capacidad nominal o residual de la carretilla, comprometiendo su estabilidad y seguridad.

- **Sujeción de carga:** métodos físicos utilizados para estabilizar la mercancía sobre el palé o la plataforma, evitando su caída durante el movimiento.

- **Triángulo de estabilidad:** zona imaginaria delimitada por los puntos de apoyo de la carretilla. Mientras el centro de gravedad permanezca dentro de este triángulo, el vehículo es estable.

▼ **Velocidad de circulación:** parámetro fundamental para la seguridad. Debe adaptarse a la visibilidad, el tipo de carga, el entorno y la presencia de peatones o vehículos.

▼ **Vuelco longitudinal:** pérdida de equilibrio de la carretilla hacia adelante o hacia atrás, generalmente provocada por una sobrecarga o mala colocación de la mercancía.

▼ **Vuelco transversal:** caída lateral de la carretilla, habitualmente causada por giros bruscos, velocidad excesiva o desplazamientos en superficies irregulares con la carga elevada.

Autoevaluación final

1. ¿Qué define el flujo logístico interno en una empresa?

a) La frecuencia de recepción de mercancías.

b) La eficiencia del transporte externo.

c) **La secuencia organizada de movimientos de carga dentro de la empresa.**

d) La facturación de los proveedores.

2. ¿Cuál es uno de los principales riesgos laborales en la manipulación de mercancías?

a) Retrasos administrativos.

b) **Vuelcos o caídas de la carga por mala práctica.**

c) Escasez de espacio de almacenaje.

d) Mal etiquetado del producto.

3. ¿Qué herramienta mecánica es fundamental para reducir el esfuerzo físico en la manipulación interna?

a) Rampas automáticas.

b) **Carretillas elevadoras.**

c) Brazos robóticos.

d) Drones de inspección.

4. **¿Qué consecuencia puede derivarse de una mala organización del espacio de trabajo?**

   a) Mejora de la productividad.

   b) Aumento de la trazabilidad.

   c) **Accidentes laborales.**

   d) Reducción de costes de transporte.

5. **¿Cuál es uno de los beneficios indirectos de una buena manipulación interna?**

   a) Reducción del tiempo de fabricación.

   b) **Fidelización del cliente.**

   c) Eliminación de turnos nocturnos.

   d) Desaparición de costes logísticos.

6. **¿Qué función tiene el marco normativo logístico?**

   a) Regular solo el transporte por carretera.

   b) Eximir al operador de responsabilidades.

   c) **Definir procedimientos, condiciones y documentación en las operaciones logísticas.**

   d) Garantizar contratos laborales estables.

7. **¿Qué función cumple el embalaje terciario?**

   a) **Facilita el transporte de varios embalajes secundarios.**

   b) Contiene directamente el producto.

   c) Agrupa productos sin palé.

   d) Actúa como etiqueta identificativa.

8. **¿Qué ventaja tiene la paletización homogénea?**

   a) Aumenta la variedad de productos por palé.

   b) Reduce el volumen de carga.

   c) **Mejora la estabilidad y facilita la automatización.**

   d) Es preferible en pedidos personalizados.

9. **¿Qué material se usa comúnmente para estabilizar la carga en un palé?**

   a) Malla metálica.

   b) Cartón plastificado.

   c) **Film estirable.**

   d) Espuma de poliuretano.

10. **¿Qué implica un embalaje con la etiqueta "Frágil"?**

    a) Que debe almacenarse en frío.

    b) **Que requiere manipulación cuidadosa para evitar roturas.**

    c) Que solo puede apilarse en estanterías bajas.

    d) Que está prohibido su transporte aéreo.

11. **¿Cuál de estos factores influye en el tipo de paletización a aplicar?**

    a) **Forma del envase y fragilidad del producto.**

    b) Nivel salarial del operario.

    c) Capacidad de producción de la planta.

    d) Velocidad de los transportes.

12. **¿Cuál es una ventaja de la estandarización en embalajes?**

    a) Permite reducir la calidad de los materiales.

    b) **Facilita la integración en redes logísticas globales.**

    c) Elimina la necesidad de paletización.

    d) Evita el uso de etiquetas.

13. ¿Qué característica distingue a una carretilla manual?

a) Posee motor eléctrico.

b) Incluye elevador hidráulico automatizado.

c) **Funciona mediante la fuerza del operario.**

d) Opera exclusivamente en exteriores.

14. ¿Qué tipo de ruedas se usan en interiores?

a) Ruedas neumáticas.

b) Ruedas con clavos.

c) **Ruedas macizas.**

d) Ruedas de acero.

15. ¿Cuál es la función del contrapeso en una carretilla contrapesada?

a) Estabilizar las ruedas.

b) Proteger el motor.

c) Absorber las vibraciones.

d) **Compensar el peso de la carga elevada.**

16. ¿Qué tipo de carretilla es más adecuada para terrenos irregulares?

a) **Carretilla todoterreno.**

b) Transpaleta manual.

c) Carretilla retráctil.

d) Apilador eléctrico.

17. ¿Qué componente permite elevar y descender la carga?

a) Horquillas.

b) Chasis.

c) **Mástil.**

d) Contrapeso.

18. ¿Qué función cumple el techo protector de la carretilla?

a) Mejora la visibilidad.

b) Protege la mercancía de la lluvia.

c) **Protege al operario ante caídas de objetos.**

d) Actúa como sistema de refrigeración.

19. ¿Dónde se sitúan las ruedas directrices en la mayoría de las carretillas?

a) En el eje delantero.

b) En el centro de gravedad.

c) **En el eje trasero.**

d) En el mástil.

20. ¿Qué maniobra está prohibida salvo con plataforma homologada?

a) Giros en pasillos estrechos.

b) Aceleración en pendientes.

c) **Elevar personas con la carretilla.**

d) Frenado en rampa.

21. ¿Qué debe hacerse antes de iniciar una elevación?

a) Inclinar el mástil hacia adelante.

b) Arrancar la carretilla y girar en seco.

c) **Detener completamente la carretilla y verificar entorno y carga.**

d) Acelerar suavemente durante el ascenso.

22. ¿Qué factor incrementa el riesgo de vuelco al elevar cargas?

a) Que el mástil esté completamente retraído.

b) **Que el mástil esté totalmente extendido.**

c) Que las horquillas estén inclinadas hacia abajo.

d) Que la carga esté demasiado cerca del mástil.

23. ¿Qué debe evitarse durante el transporte de la carga?

a) Circular por rampas.

b) **Transportar con la carga elevada.**

c) Usar el claxon en cruces.

d) Bajar las horquillas antes de frenar.

24. ¿Qué es fundamental para prevenir accidentes con carretillas?

a) Realizar solo mantenimiento mensual.

b) **Formación específica, teórica y práctica del operario.**

c) Utilizar solo carretillas eléctricas.

d) Llevar casco en zonas interiores.

25. ¿Qué puede causar una pérdida de estabilidad durante la elevación?

a) Uso de film estirable.

b) Carretilla con ruedas neumáticas.

c) **Centro de gravedad desplazado fuera del triángulo de estabilidad.**

d) Peso de la carga inferior al nominal.

26. ¿Qué principio debe respetarse siempre al insertar horquillas?

a) Elevar antes de centrar.

b) Insertar a media longitud para no dañar el palé.

c) Realizar inserciones con inclinación lateral.

d) **Introducir completamente y de forma paralela.**

27. ¿Qué efecto tiene elevar una carga mal centrada?

a) Mejora el reparto de peso.

b) Reduce el esfuerzo de las horquillas.

c) **Genera vibraciones o balanceos.**

d) Disminuye la altura útil del mástil.

28. ¿Cómo debe posicionarse la carretilla antes de una descarga en altura?

   a) En movimiento suave.

   b) En ralentí.

   c) **Detenida completamente y alineada.**

   d) Con las horquillas inclinadas hacia adelante.

29. ¿Qué implica una colocación incorrecta de la carga en la estantería?

   a) Aumento de capacidad de almacenamiento.

   b) Optimización de tiempo.

   c) Estabilización del centro de gravedad.

   d) **Riesgo de caída de mercancía o colapso del estante.**

30. ¿Qué debe hacerse si hay viento fuerte en exteriores al descargar?

   a) **Tener en cuenta su efecto sobre cargas voluminosas.**

   b) Continuar si no hay peatones.

   c) Usar siempre carretillas manuales.

   d) Evitar el uso de espejos retrovisores.

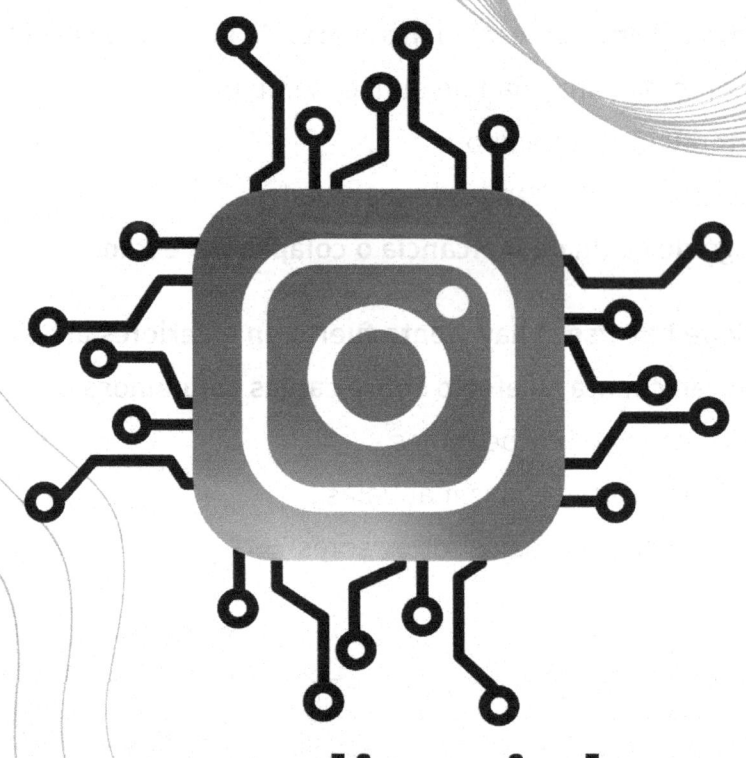